Oscar bestsellers

Dello stesso autore

nella collezione Oscar

Come amare ed essere amati
Come essere felici
Ciascuno è perfetto
Non siamo nati per soffrire

nella collezione Ingrandimenti

Le piccole cose che cambiano la vita

RAFFAELE MORELLI

COME TROVARE L'ARMONIA IN SE STESSI

OSCAR MONDADORI

I edizione Oscar bestsellers giugno 2007

ISBN 978-88-04-57101-8

Questo volume è stato stampato
presso Mondadori Printing S.p.A.
Stabilimento NSM - Cles (TN)
Stampato in Italia. Printed in Italy

Ristampe:

1 2 3 4 5 6 7 8

2007 2008 2009 2010

www.librimondadori.it

Indice

Come trovare l'armonia in se stessi

PARTE PRIMA

L’armonia della mente: perché il cervello non invecchi mai

Che cos'è il cervello

Tutta la tradizione ha sempre parlato del cervello come di un embrione, che porta in sé il segreto della rigenerazione dell'uomo. Per Platone, il grande filosofo greco, ciò che distingue il Saggio è la capacità di generare idee, "figlie" della sua mente, in contrapposizione all'attitudine tipica dell'uomo comune, che partorisce nel corpo.

E anche per Socrate la ricerca della verità non era che un grande parto: il filosofo insegnava all'allievo ad estrarre la conoscenza da se stesso, dall'interno del proprio cervello. Faceva proprio come una buona levatrice che aiuta un nuovo essere umano a venire alla luce. In tempi più vicini ai nostri, il grande studioso Schwaller de Lubicz ha affermato che tutto l'encefalo potrebbe essere considerato come un feto in gestazione. Queste riflessioni, comuni ai Saggi di tutti i tempi, dimostrano una cosa fondamentale, da tenere ben presente se vogliamo mantenere il cervello sempre giovane ed efficiente: esso è un organo in continua evoluzione, mutazione e crescita.

Proprio come un embrione, assume via via la sua forma, materializzando costantemente la propria evoluzione.

Sino a pochi anni fa i neurologi erano convinti che il tessuto nervoso non si rigenerasse mai e che le sue cellule, una volta morte, non avessero più la possibilità di ricrearsi. Un pregiudizio scientifico ora sfatato da recenti studi americani, che dimostrano l'incessante processo di rinnovamento del nostro organo più importante. Del resto, era prevedibile che questa convinzione fosse destinata a tramontare: basta osservare, come tutti i Saggi hanno insegnato, per accorgersi delle similitudini e delle analogie esistenti tra il cervello e un embrione.

È sufficiente saper guardare, senza i pregiudizi della mente quantitativa che vuole spiegare, misurare, catalogare. Il liquido cefalorachidiano che protegge l'encefalo è come un liquido amniotico e i plessi corioidei che lo producono sono assimilabili ai villi intrauterini.

Una volta colta l'analogia, il ragionamento fluisce con la cristallina semplicità delle grandi verità: se il cervello è feto, allora, proprio come un feto, custodisce tutte le nostre potenzialità, i nostri talenti, la nostra possibilità di sbocciare e di maturare nel frutto prezioso che è custodito dentro di noi. Il paradosso è che noi fatichiamo a stare dietro alla sua plasticità innata e a rimanere in contatto con quel caos intelligente che, dal big bang, generò l'Universo. Riempiamo la mente di cose inutili, vuote. Sono i ricordi, le memorie, le poesie imparate alle elementari, le date delle battaglie di Napoleone o gli amori che tiriamo fuori dal cassetto per sentirci meno soli. Tutte sensazioni ormai svanite nel tempo, prive di colore e di profumo, che tentiamo di rianimare solo per avere l'illusione di trovare un senso alla vita. Ma il senso della vita è già dentro di noi, in quel mutare incessante dei nostri neuroni che ci condurrà, se lo sappiamo seguire senza opporgli inutili resistenze, a partorire noi stessi.

Il cervello è come un uovo

Nel cervello c'è già tutto. Questo organo straordinario è, da un punto di vita neurofisiologico, il motore dell'intero organismo: da lui partono gli stimoli per i muscoli, la sintesi degli ormoni, dai suoi meccanismi di regolazione dipende l'attività del cuore, dei polmoni... Già questo potrebbe bastare a dimostrare come esso contenga la sintesi e il progetto di tutto il nostro corpo.

Proprio come un uovo, che custodisce in sé tutte le sostanze (proteine, vitamine, persino un composto dall'azione antibiotica, l'avidina) necessarie allo sviluppo di un nuovo organismo.

Questa similitudine ha una lunga storia. Già gli alchimisti avevano posto in relazione la natura dell'uovo e quella del cervello. Una natura profondamente creativa e trasformativa, che il nostro corpo ripropone anche negli altri organi di simile forma: gli occhi, attraverso i quali la materia e il mondo diventano mente, coscienza e attraverso di noi si evolvono. E le gonadi, le ghiandole sessuali che presiedono all'atto più creativo in sé che il corpo è in grado di compiere, la generazione.

Il cervello, insomma, come del resto il corpo stesso, "sa" già. Ma non si tratta solo di un discorso puramente anatomico o fisiologico. Il neurobiologo americano Michael Cazzaniga, autore di *La mente della natura* (Garzanti), afferma che «tutto quello che facciamo nella vita consiste nello scoprire quello che è già nel nostro cervello». Dobbiamo cioè solo "estrarre" ciò che è già presente in noi. Un po' come sosteneva Michelangelo quando, guardando un blocco di marmo, diceva che là dentro era nascosta un'opera d'arte: per portarla in luce era sufficiente togliere il superfluo.

Il cervello è come un orto

Le similitudini tra il cervello e il mondo della natura non finiscono qui. Proviamo ora ad osservare un fiore: la sua forma è compiuta in sé, qualsiasi sia la stagione in cui sboccia, il colore dei suoi petali, il profumo delle sue corolle.

La sua perfezione è contenuta nel seme, che racchiude il processo di tutta la pianta. Il seme non viene piegato da nulla nel suo processo creativo. Nel grembo sicuro della terra si prepara a portare a compimento il suo progetto: imperturbabile, resiste alle intemperie e attende il momento giusto per sbucare dal terreno. Il seme è energia allo stato puro, eternamente giovane.

Non è un caso che molti semi (quelli di girasole ad esempio, o quelli del mais) siano ricchi di sostanze antiossidanti e ringiovanenti, come la vitamina E. Anche l'uomo, come il seme, è custode di un nucleo intoccabile di perfezione, che aspetta solo di realizzare la sua quintessenza. Questo nucleo è il cervello, che in più, rispetto al fiore, concede all'uomo la possibilità di avere consapevolezza di ciò che è intimamente. Una chance unica di portare a coscienza il nostro progetto, nutrendo la nostra vera natura e, insieme a lei, la nostra felicità.

Ma proprio come un seme, per poter sbocciare ha bisogno di un terreno fertile e bene irrigato.

Il cervello è come l'intestino

C'è poi un'altra analogia che aiuta a capire la natura del cervello e le sue funzioni: quella tra encefalo e intestino. È semplice da capire: come l'intestino estrae dagli alimenti le sostanze nutritive che poi costruiscono i nostri organi e tessuti, così il cervello astrae dalla realtà, da ciò che vediamo, sentiamo, percepiamo, l'essenza, la filtra e la rende cosciente, portandola a consapevolezza.

Attraverso il sistema nervoso e gli impulsi che partono dai neuroni, questa essenza viene portata a tutte le nostre cellule, e diventa di nuovo materia. Questa similitudine porta con sé una logica conseguenza. Il cervello (come l'intestino), per funzionare al meglio e rimanere sempre attivo, ha bisogno di essere "pulito", libero da quelle scorie che inevitabilmente lo rallenterebbero, compromettendone la funzionalità e portandolo a invecchiare anzitempo. Un'operazione di questo tipo è svolta dai sogni, che altro non sono se non l'epurazione del superfluo, delle esperienze che al cervello non servono per compiere il suo destino.

Sognare è l'atto più "depurativo" che potremmo immaginare per il nostro encefalo: la realtà onirica elimina dal cervello gli avanzi della nostra quotidianità, le nostre aspettative irrealizzate, tutto ciò che non è creativo o funzionale al ritrovamento dei nostri talenti individuali.

Insieme al sogno se ne vanno pezzi di mondo che non viviamo più e che ci costringerebbero, se non fossero espulsi, a rimanere attaccati a qualcosa di vecchio, di stantio, impedendo al cervello di andare incontro al nuovo, l'unica dimensione possibile per fargli realizzare il suo vero, intimo progetto.

In questo modo, epurata da ciò che non serve, la coscienza può finalmente inondare della sua luce tutto il suo corpo.

Questa è l'unica Via, praticata e tracciata da tutti i grandi Saggi. Altrimenti, l'inutile si fissa, si cristallizza nella nostra materia corporea, trasformandosi in disagio, in malattia.

Bisogna guardarsi bene dalla comoda tentazione di mantenere in vita ciò che è ormai morto: una storia finita, un lavoro che non ci piace più, un'amicizia che ci delude sono esperienze passate. Passate e finite, una volta per sempre. Se continuiamo a guardarle, a rivisitarle con il pensiero, ad analizzarle per "capire" (ma servirà, poi, capire?) non facciamo che rinforzare il nostro dolore.

Così il cervello invecchia, preso per asfissia da troppe considerazioni inutili. «Sarà stato vero amore?» oppure «Avrei voluto fare grandi cose ma non ho mai avuto il coraggio...»: sono queste le scorie della mente. Segni che la coscienza, libera per definizione, è diventata pensiero, razionalizzando gli impulsi e ingabbiando la Vita.

È così che diventiamo degli esseri morti e il nostro cervello tradisce la sua unica vera vocazione, quella capacità plastica che ci sa trasformare, tramite un processo che non conosce tempo né luogo, nella sintesi perfetta di tutto il creato. Solo se lasciamo fluire questa corrente potentemente rigenerante, dentro di noi possono rivivere la farfalla, il cavallo, l'albero, o il frutto che abbiamo mangiato a colazione. E tutti questi esseri, tramite noi uomini, diventano essi stessi coscienza e si evolvono.

Il cervello e l'universo

Il cervello è integrato in una dimensione universale. Il primo a parlare di questa dimensione olistica fu David Bohm, fisico e filosofo, che vide l'universo come un unico organismo, in cui tutto era interconnesso. Questa ipotesi è confermata dalle più recenti acquisizioni della neurologia.

Va tramontando l'idea che all'interno dell'encefalo esista una netta separazione tra emisfero sinistro (associato al pensiero analitico) ed emisfero destro (legato all'intuizione e alla creatività). Si afferma piuttosto la convinzione che i due lavorino all'unisono. Addirittura il cervello funzionerebbe come un ologramma, ovvero come una cosa sola. Secondo le più recenti scoperte, sarebbe un unico grande organo integrato con stomaco, cuore e fegato.

Gli errori che fanno invecchiare il cervello

Il segreto per non invecchiare, se ragioniamo come i taoisti, è di mantenere il contatto con l'energia dell'Universo, della quale noi siamo un po' come delle ramificazioni. È più semplice di quanto non sembri: basta mettere sullo sfondo l'Io, la mente quantitativa che cerca una spiegazione logica per tutto, filtrando la realtà attraverso la lente della ragione. Un secolo di psicoanalisi ci ha insegnato a fare esattamente il contrario: si cerca la radice della propria sofferenza nei genitori che non ci hanno amato, negli amici che non abbiamo avuto, nelle piccole grandi delusioni quotidiane della nostra vita. Così ogni abbandono diventa il presupposto per anni di analisi che non portano a nulla, se non a rinnovare il dolore, a rinforzarlo.

Ma come la penserebbe il nostro cervello? Che strada ci indicherebbe, se fosse sgravato da tutti questi debiti e crediti? Certamente non questa. «Mio marito è poco affettuoso, ma io non riesco a staccarmi da lui» mi confessa Adriana, una lettrice di «Riza» che mi scrive del suo rapporto freddo, senza anima. «Ma in fondo io so perché. Ho avuto un padre poco presente, sempre preso dal lavoro e poco dalla cura di me e delle mie due sorelle. Vivere questo rapporto allora, anche se mi fa stare male, è un modo per riavere accanto quel padre, per vincere la mia sfida, per farmi coccolare da lui.»

No, Adriana, non c'è nessun patteggiamento col passato, nessuna spiegazione da cercare. Non è tuo padre che ti manca, è il coraggio di cambiare, di spezzare con una modalità di relazione affettiva che non ti corrisponde, che non ti ha mai reso felice. Puoi trovare mille giustificazioni razionali, puoi scomodare Freud e le sue teorie. Non serve.

L'unica cosa che puoi fare è liberarti dall'attaccamento a un'immagine stereotipata, vecchia quanto il tuo rapporto con tuo padre. Che poi tu resti col tuo uomo o no, è una scelta personale. L'importante è che tu inizi a guardare la relazione con i tuoi occhi.

La soluzione è già dentro di te. Basta saperla ascoltare. Solo se lo fai, ritroverai il contatto con te stessa e potrai ristabilire quel legame con l'Universo che, se non lo vivi, blocca la tua creatività in uno stagno di emozioni ormai rapprese intorno a se stesse. Smetti di pensare alla tua storia come a una "sfida" da vincere e il tuo cervello troverà da sé la strada per renderti felice.

I pensieri "spazzatura"

Perdere il contatto con quel caos intelligente che è il procedere della vita, costringerlo nell'alveo rassicurante delle nostre interpretazioni, significa accelerare il decadimento delle funzioni cerebrali.

Infatti, da un punto di vista neurofisiologico, uno stile di vita improprio è all'origine del progressivo impoverimento di sostanze preziose per proteggere il cervello dall'insorgere delle demenze. Al contrario, lasciar fluire l'energia dell'Universo significa tutelare il sistema limbico, la zona profonda dell'encefalo. E così il cervello si mantiene giovane. Ma per poter ottenere questo obiettivo, è fondamentale eliminare tutti i "pensieri spazzatura", quell'insieme di ricordi, paure, idee fisse che intasano l'encefalo e bloccano la sua creatività, la sua plasticità. Creano una specie di cortocircuito, che lo porta a ritornare sempre sugli stessi pensieri, incessantemente, negandosi la possibilità di rinnovarsi.

Immaginate un'auto con il motore sporco: dopo un po' il motore grippa e l'auto non può più camminare. Lo stesso avviene al cervello quando lo costringiamo a ripercorrere sempre gli stessi tragitti. Dopo un po' si blocca ed è quello il momento in cui intervengono i disagi.

Depressione, ansia, panico, insonnia hanno tutti questa

identica radice. Diverse sono solo le manifestazioni del problema. Ma l'attaccamento alle muffe del passato è all'origine di questi e altri disturbi, oggi sempre più diffusi.

Quando finisce un amore. Anna è una bella ragazza di 29 anni. Arriva in terapia per un problema di insonnia che la tormenta da tempo. «Ho provato di tutto, dottore, rimedi naturali, rilassamento, persino pastiglie. All'inizio sembra che la situazione stia per risolversi, ma dopo qualche settimana ripiombo nell'insonnia più cupa.» Mi racconta che il problema è sorto tre anni prima, quando la "storia della sua vita" è arrivata al capolinea. «L'ho lasciato io, non funzionava proprio. Eppure non riesco a dimenticarlo.» A neanche 30 anni, Anna si sente finita. Ha lo sguardo perso di una vecchia abbandonata, offuscato dalle tante notti passate a guardare il soffitto.

«Ormai vivo nel terrore della sera, quando la giornata sarà finita e dovrò mettermi a letto. Passo il giorno in costante tensione, per sopperire alla carenza di sonno. Lavoro come una pazza, anche se non mi diverto, nella speranza di stancarmi abbastanza. Ma di notte il mio cervello non stacca mai. A volte mi sento come se avessi ottant'anni.» Anna che guarda il soffitto... Anna che cerca di stancarsi a fondo per trovare riposo la notte... Anna che si butta in un lavoro che non le piace solo per non pensare... Eppure la sua insonnia le sta dicendo qualcosa: dentro di lei c'è tutta la forza per ritrovare se stessa e il sonno. È un'energia così potente da non consentirle di dormire, solo che lei non se ne avvede e non la sa sfruttare. Quell'energia reclama il suo posto di notte, quando la mente dovrebbe stare in silenzio, mettersi sullo sfondo. Ma la mente di Anna è cristallizzata su un amore finito, che non è e non sarà più. E questo pensiero le gira nel cervello, senza sosta. Il caso di Anna è molto comune e insegna una cosa importantissima: ogni volta che restiamo ancorati a qualcosa di finito, un disagio si affaccia per farci ritrovare la strada.

La paura di ammalarsi. Marco ha 45 anni. Fisico atletico, aspetto sano e abbronzato. Sempre sorridente, non pare proprio che necessiti di aiuto. Eppure, è attanagliato da mille ansie per la propria salute. «Da quando ho perso mia madre vivo nel terrore di avere ereditato le sue malattie» mi racconta. «Così vado in palestra tutti i giorni, sto attentissimo a quello che mangio, faccio le analisi ogni sei mesi. Eppure, più passa il tempo, più grave si fa la situazione. Non appena ho un dolore penso al peggio. Non ce la faccio più, non riesco a concentrarmi su altro.» Marco, fino a poco tempo prima manager in carriera in una multinazionale, si accorge di avere un problema quando il suo rendimento sul lavoro inizia a calare: «Mi manca lo sprint, mi sento sempre malaticcio e spesso devo stare a casa per disturbi che poi il medico giudica inesistenti. Ho paura di rischiare il posto, se vado avanti così.» La paura di star male nega a Marco anche la possibilità di vivere una vita affettiva appagante: «Dopo pochi mesi che esco con una donna, mi lascia. È inevitabile, con tutte le mie fisime...». Si innesca così un circolo vizioso, dal quale è difficile uscire. Il terrore di Marco nasce da un rapporto tormentato con la fisicità. Tutto spostato nel mentale, l'uomo cerca di controllare il corpo (che reclama ben altre attenzioni), con estenuanti sedute in palestra, alimentazione controllata e visite mediche a ripetizione. Ma dove è finita la sua energia? È tutta rappresa in quella congerie di sintomi inesistenti, non scorre più. Il corpo è diventato un nemico, e si fa carico di segnalargli che è tempo di cambiare vita. La creatività e la capacità trasformativa del cervello possono ancora essere recuperate, se solo si fa piazza pulita del pensiero ossessivo che lo corrode come un tarlo.

Le piccole manie quotidiane. Anche le piccole manie quotidiane riempiono di "tossine mentali" il cervello, condannandolo a invecchiare precocemente. Tornare a casa tre volte per vedere se abbiamo chiuso il gas, tenere una cura ossessiva nell'ordine domestico o in ufficio, rincorrere ogni offerta speciale o non riuscire a resistere al "tre per due" sono tutte condotte che disperdono la nostra azione in una serie di comportamenti riflessi, rubando una grande quota di energia e "ossidando" l'encefalo.

«Ho sempre paura che in casa manchi qualcosa» mi racconta Maria Chiara, casalinga e madre di due figli maschi. «Controllo costantemente il frigo, la dispensa, ripasso più volte il bilancio domestico, persino la scorta di biancheria è diventata un'ossessione.» All'inizio Maria Chiara interpretava questa sua necessità come una manifestazione di cura e di affetto verso i suoi cari, ma a un certo punto l'equilibrio è spezzato: «Il mio desiderio di avere sempre le scorte sotto controllo manda in bestia mio marito. Mi manca sempre qualcosa e ogni sabato, poiché non ho la patente, mi devo fare accompagnare all'ipermercato. Ogni volta è una lite. Lui mi rinfaccia di non sapermi organizzare e io mi sento frustrata, con tutto quello che faccio per avere sempre tutto a portata di mano». Neanche la vacanza tiene Maria Chiara lontana dalla sua mania: «Non riesco a rilassarmi, cerco di scegliere personalmente l'appartamento ma poi resto sempre in ansia per il timore che manchi qualche comfort... La tragedia esplode già al momento di fare le valigie, che preparo io per tutti, mettendoci dentro tutto il possibile. E mio marito si arrabbia, dice che non so scegliere le cose che servono e lasciare a casa quelle non essenziali...». Maria Chiara rivela con questo atteggiamento un bisogno di "mettere radici", di toccare con mano cose tangibili e concrete. Ripone la sua autostima in quello che riesce a garantire agli altri, attraverso la mediazione degli oggetti. È un modo per sentire di esistere. Maria Chiara cerca all'esterno ciò che è già dentro di lei: la Vita. Accumula per paura di sentire il vuoto... E invece proprio al Vuoto, come insegna il Tao, dovrebbe affidarsi, dovrebbe cercarlo per trovare la sua vera natura, andando oltre la gabbia dei doveri familiari che la stringe in una morsa di abitudini ossessive e sempre uguali.

La superstizione. Toccare ferro o fare le corna sono molto più di un semplice gesto di superstizione. Finché si tratta di gesti casuali, occasionali, fatti per gioco, nulla di preoccupante. Ma quando diventano una necessità compulsiva, allora significa che qualche ingranaggio nel cervello si sta sclerotizzando, porgendo il fianco all'ansia. «Ho sempre preso in giro i superstiziosi» tenta di giustificarsi Aldo, 53 anni, dirigente. «Li ritenevo sciocchi, superficiali, irrazionali. Poi, è accaduto qualcosa: ho avuto un sogno premonitore. Il sogno mi avvertiva di un incidente, poi effettivamente capitato a un mio amico. Da quel giorno giro sempre con un amuleto in tasca e alle prime difficoltà lo tocco. Mi rassicura... Se lo dimentico a casa, mi sento in ansia tutto il giorno.» Attraverso il sogno, Aldo ha conosciuto la forza dell'inconscio, una forza che sente di dover domare per tenere sotto controllo la realtà, per non diventare facile preda di eventi caotici. Ricorre all'amuleto per non avere brutte sorprese... Eppure, dovrebbe fare proprio l'opposto: anziché tentare di arginare il caos, dovrebbe imparare a cedergli. Il caos possiede un'intelligenza difficile da comprendere, ma solo accogliendolo possiamo sperimentare quell'unione tra universo e uomo che è la via più autentica per mantenere sempre giovani le cellule cerebrali.

I pensieri "spazzatura"

- GLI AMORI FINITI
  Ci chiudono al nuovo. Il cervello non può rigenerarsi.
- L'IPOCONDRIA
  Ferma l'energia vitale. E soffoca la creatività.
- LE PICCOLE MANIE QUOTIDIANE
  Ci riempiono di cose inutili.
  Risultato: congestione e intasamento.
- LE SUPERSTIZIONI
  Cercano di controllare il caos.
  E ci impediscono di riunirci all'energia dell'Universo.

Gli obiettivi

Una laurea a 24 anni, subito un lavoro remunerativo, il matrimonio due anni dopo e un anno dopo ancora il primo figlio. È il sogno di molti: una vita così sembra proprio perfetta, organizzata a puntino. Ma siamo sicuri che il cervello sia d'accordo con i nostri programmi? Una vita così potrebbe essere perfetta solo a una condizione: se fosse scelta in modo del tutto autonomo e soprattutto affidandosi al caso.

Sono le cose che capitano quelle di cui coglieremo i frutti migliori. Non le cose che la mente, la voce dell'Io ci pongono davanti come obiettivi stereotipati. Laura non capisce come mai non vuole più il marito che ha desiderato così tanto sposare: «Mi annoio, Mauro è carino e gentile ma mi sento esaurita... Non litighiamo mai, sembra tutto tranquillo, forse anche troppo. Eppure lo volevo tanto questo matrimonio. Ho persino fatto le bomboniere a mano. E adesso che sono sposata, non me ne importa più nulla».

Sono molte le persone che, una volta raggiunta la meta, provano disinteresse per l'oggetto dei propri desideri. Ma come è possibile?, si chiedono. Allora non so cosa voglio, sono una persona indecisa, non valgo nulla, non posso nemmeno confidare in me stesso... Da qui ai sensi di colpa il passo è davvero breve. Con il rischio, neanche troppo lontano, di rimanere attaccati a una storia, a un lavoro, a un'amicizia che non offrono più nulla solo per dimostrare a se stessi che ci si sta sbagliando, che quella scelta era proprio giusta. Così, si pensa, almeno non bisogna mettere in discussione la propria autostima... Niente di tutto questo. Ogni volta che raggiungiamo un obiettivo e ci accorgiamo che non ce ne importa più nulla, non dobbiamo giudicarci. Non siamo né buoni né cattivi, né coerenti né incoerenti. Forse il traguardo tanto agognato non era veramente nostro. Forse era figlio dell'educazione che abbiamo ricevuto, dei maestri che ci hanno guidato, di un modo di pensare così comune e corrente da sembrare giusto a tutti i costi... sì, ma non per noi.

I soldi. Il denaro è uno dei traguardi più ambiti, nella nostra società. Ma i soldi e la ricchezza generano una sindrome da accumulo che si autoalimenta. I guadagni di oggi non bastano più, bisogna incrementare le entrate e via, in una girandola di conti frenetici, di corse al titolo più redditizio, di operazioni al limite del rischio.

L'ansia si affaccia ogni volta che le speculazioni sembrano non andare per il verso giusto e il cervello è completamente assorbito da questo obiettivo. Persino le amicizie, gli amori, vengono scelti sulla base dell'interesse... Il cervello ha bisogno di tutto questo? Io credo di no. Come insegnava Epicuro, il grande filosofo greco, il Saggio è colui che sa vivere sia in ricchezza che in povertà, mantenendo sempre la medesima serenità d'animo.

Perché «con maggior dolcezza gode dell'abbondanza chi meno di essa ha bisogno (...) Tutto ciò che natura richiede è facilmente procacciabile, ciò che è vano è difficile a ottenersi» (*Lettera a Meneceo*, traduzione di Graziano Arrighetti).

Il Saggio, ci ammonisce Epicuro, è profondamente libero. E ricerca ciò che «natura richiede», per trovare l'armonia con il resto del cosmo.

È questo il segreto che mantiene eternamente giovane il cervello dei Saggi, che fino in tarda età hanno ancora il sorriso dei bambini. La loro libertà da tutto, anche dal denaro, li rende incessantemente creativi. Non fanno nulla e cambiano il mondo. Possiamo dire lo stesso degli affannati broker di Borsa, tra i quali il tasso di patologie cardiovascolari è in preoccupante aumento?

Il successo. Ecco un altro obiettivo fasullo: il successo. Avere fama, notorietà, gestire un'azienda proficua non è in sé un male. Ma la sete di potere, la fame di applausi e di affermazione possono nuocere al cervello. Soprattutto, è il desiderio cieco di apparire per apparire, di farsi notare e mettersi sempre in primo piano che fissa l'encefalo in uno schema fatto di comportamenti fissi, tutti finalizzati a un solo scopo: essere incontestabilmente il migliore. In questo atteggiamento c'è un vizio di fondo, che fornisce il presupposto e la base di partenza per partire alla ricerca insaziabile di consensi: il giudizio e la valutazione. Per le persone che fanno del successo la propria ragione di vita il mondo si divide tra capaci e incapaci, tra furbi e ingenui, tra intelligenti e stupidi. E loro, naturalmente, si includono da sé nella categoria dei "giusti".

Il mondo, però, ha in dote infinite porte e infinite vie. Anche il cervello ha la medesima caratteristica: perché, dunque, riconoscergli solo gli spazi ristretti di una dicotomia assurda e limitante? Su questa strada non può che bloccarsi davanti a ogni bivio, a ogni decisione: andrò di qua o di là? E magari la strada giusta era a pochi passi, all'ingresso del bosco...

Una laurea... costi quel che costi. Antonio ha 30 anni. Da quando ne aveva 18 è iscritto a biologia, una carriera universitaria tutta in salita.

«I primi esami sono andati bene, filavano lisci come l'olio... Poi non so cosa sia successo, ma mi è passata l'ispirazione. Ho trovato un lavoro, tanto per non restare con le mani in mano. Ma non sono soddisfatto di me stesso e con gli esami sono bloccato da anni.» Antonio è un ragazzo in gamba, che ama definirsi "determinato" e "sicuro". «Non posso mollare» mi spiega, con i pugni serrati lungo i fianchi. «Altrimenti non sarei che un fallito e sarebbe come dare ragione a mio padre.»

La laurea intanto sembra diventare irraggiungibile: dopo pochi minuti di studio, Antonio è colto da un mal di testa feroce che lo costringe a smettere: «Pensavo che fosse un problema di vista, ma non è così. Allora ho capito che forse avevo bisogno di un aiuto psicologico». Insieme a questa laurea si sono allontanati per Antonio anche i suoi vecchi hobby: la falegnameria e il giardinaggio, che gli rendevano così piacevole il tempo che trascorreva a casa. Con l'alibi dello studio, ha perso di vista se stesso. Se avesse ascoltato il suo talento, cosa avrebbe fatto? Probabilmente il giardiniere. E avrebbe fatto fiorire, insieme alle gardenie e alle rose, anche il suo cervello.

Gli obiettivi

- IL MATRIMONIO
  Mai se lo scegliamo per amore di tradizione.
- IL DENARO
  Può privare il cervello della sua libertà.
- IL SUCCESSO
  Ci porta su percorsi obbligati.
- LA LAUREA A TUTTI I COSTI
  Fa sfiorire il nostro vero talento.

Le identificazioni

Pensiamo a quel noto e fortunatissimo spot televisivo che mette in scena una mamma, intenta a dare la pappa al suo bambino. «Quando sarai grande diventerai come tuo fratello... Farai un corso di nuoto e ti laureerai in legge... Poi sposerai una ragazza ricca e io verrò a vivere insieme a te.» Ricordate la reazione del bambino? Quella stessa reazione, che porta l'infante a inondare di pappa il viso di una mamma troppo invadente per i suoi pochi mesi, dovrebbe essere la nostra stessa reazione ogni volta che ci impongono di seguire un modello, un esempio. Il bimbo, che ancora non sa quale sia il suo talento ma che è già abbastanza "saggio" da non lasciarsene imporre uno precostituito, risponde con uno sputo più che eloquente. E noi? Quante volte ci siamo sentiti dire: «Guarda tuo cugino, che modello, come studia e che bei voti...». Oppure: «Quando non sai cosa fare, pensa a cosa farebbero i tuoi genitori...». E come abbiamo reagito? Abbiamo accolto il consiglio, magari un po' piccati, ma in silenzio? Oppure ci siamo ribellati, proprio come il bambino, rifiutandoci di cedere a un modello preconfezionato? Riflettiamo: quei modelli, che ci hanno proposto da piccoli, ci hanno reso più sicuri, più felici o almeno più sereni? Probabilmente no.

Il problema è che spesso la mentalità del confronto ci porta a fare la stessa cosa anche verso il collega, il compagno di treno che guadagna più di noi, la vicina di casa che riesce ad andare in palestra tre volte la settimana e ha una casa che è uno specchio... Da questo confronto non possiamo che uscire perdenti, e non per una questione di inferiorità rispetto al presunto avversario. Piuttosto, perché guardiamo all'altro come pietra di paragone, quando invece l'unico punto di riferimento che vale la pena di osservare è dentro di noi.

Il confronto con i modelli ci invecchia, ci spegne, ci fa perdere smalto, concentrazione, fantasia. Sarebbe molto meglio fare come quel bimbo. E ricordare che quando i nostri figli si ribellano ai modelli che cerchiamo di imporre loro è solo una fortuna: vuol dire che sono vivi, che cercano una strada che sia solo loro, al riparo dalle imposizioni. Cercano di non diventare le nostre brutte copie, le nostre caricature. Lasciamoli fare e impariamo da loro, ogni tanto. Sono loro i giovani e da giovane ragiona il loro cervello.

I modelli ci chiudono in una gabbia. L'ambiente esercita un'azione di stimolo sul cervello molto più di quanto non faccia l'eredità genetica. I moderni studi di neurofisiologia sono d'accordo: in funzione delle esperienze che facciamo, dei pensieri che produciamo la chimica del nostro encefalo cambia radicalmente. Questo porta con sé due conseguenze, direttamente collegate fra loro: la prima, più importante, è che più di quello che abbiamo ricevuto dai nostri genitori contiamo noi.

Siamo noi i veri architetti di noi stessi e in questo risiede la possibilità di nutrire e coltivare il nostro cervello in modo da farlo fiorire, conquistando così il nostro vero benessere.

La seconda, che un po' discende dalla prima, è che se invece di seminare bene riempiamo il cervello di identificazioni sbagliate, vanifichiamo questa possibilità, costringendoci in gabbie mentali che alla lunga minacciano la salute e l'integrità del cervello stesso.

È un'operazione priva di senso e dannosa per il nostro "raccolto". Sarebbe come seminare gramigna in un campo di grano. Ogni volta che ci confrontiamo con qualche modello imposto dalla società, dalla nostra tradizione familiare, dagli status symbol, stiamo spargendo gramigna nel nostro cervello: la gramigna, prima o poi, riempirà il nostro terreno soffocando le radici di quel grano che avevamo seminato con tanta cura e impoverendo il campo intero... Se vogliamo stare bene dobbiamo estirpare la gramigna. Sgombrare il campo dalle malerbe, lasciar respirare la terra. Lasciata libera, darà da sola i suoi frutti, senza che nemmeno dobbiamo sforzarci.

Queste malerbe sono le identificazioni. Vorremmo essere come ci hanno insegnato mamma e papà, per non tradire le loro aspettative. Vorremmo essere belli come i sex symbol del cinema. Vorremmo essere eleganti come l'amica danarosa che compra tutto in boutique d'alta classe. Vorremmo essere realizzati come l'amico del cuore che sta facendo carriera...

Potremmo continuare così all'infinito, senza mai trovare un centro. Ci sembra che tutti siano esempi da seguire e che con noi la sorte sia stata sempre troppo avara. E a nulla servono i pensieri consolatori... siamo tutti tesi ad "essere come loro", perché loro ci sembrano migliori.

Quando è così siamo a un passo dalla sofferenza psichica: l'autostima diventa un optional, e non è certo produttivo per il nostro cervello scimmiottare comportamenti che non sono nostri...

Quando il dolore compare è perché troppo a lungo abbiamo vissuto seguendo modi di pensare, abitudini, convinzioni che non ci appartengono, ma che sono diventati nel tempo dei veri automatismi. Ciascuno di essi corrisponde all'attivazione di circuiti neurochimici, sempre gli stessi. Allora la crisi arriva per spezzare questa catena, per farci ritrovare la nostra libertà.

Molte persone poi, anziché prendere a modello una persona specifica, si costruiscono idee aprioristiche su come dovrebbe essere gestito un determinato ruolo nel mondo.

Il manager inappuntabile, la casalinga perfetta, la madre devota, l'amica fedele... anche queste sono identificazioni. Ogni volta che usiamo un aggettivo (magari formando una frase fatta, un'espressione tanto trita da diventare idiomatica) stiamo gettando il seme dell'identificazione, infestando il nostro terreno di erbacce. Pensiamoci, la prossima volta che ci chiediamo se stiamo tenendo un atteggiamento veramente "materno" o "amichevole" o "professionale".

Attenzione alle abitudini. Le abitudini sono comode, apparentemente rassicuranti. Facciamo la stessa strada tutti i giorni per andare al lavoro, gli stessi colleghi ci accompagnano a pranzo, la solita pausa caffè delle undici. Abbiamo un carnet di frasi fatte che ci aiuta a trovare la risposta giusta per ogni occasione. Recitiamo un personaggio, quello che un tempo ha incontrato l'approvazione di qualcuno a cui tenevamo molto.

Lavoriamo dodici ore al giorno per quella agognata promozione... Ma dov'è la Vita in tutto questo? Presi dalle nostre consuetudini ci siamo scordati di ridere, di divertirci. Non proviamo più piacere nelle cose che facciamo, siamo come degli automi. E il cervello che fine ha fatto in tutto questo?

Attende, spento, che si accenda una miccia per far saltare questo schema. Potrà essere un evento magico, inaspettato, che cambia le carte in tavola facendo piazza pulita di tutto, (ad esempio un amore nuovo, un lavoro diverso...).

Oppure, se le abitudini sono così solidamente radicate da entrare a fare parte ormai del nostro DNA, più probabilmente partorirà un disagio, un'ansia o una depressione, che ci indichino la strada per recuperare la creatività e il desiderio del nuovo.

Via le aspettative. Spesso riponiamo aspettative nel futuro. Quando troveremo l'anima gemella, allora sì che staremo bene. Cambieremo lavoro e così torneremo a divertirci.

Andremo in pensione e ci dedicheremo ai nostri hobby, viaggeremo come non abbiamo mai fatto. Troveremo, cambieremo, viaggeremo... Parlare al futuro ci allontana dal tempo presente, l'unico tempo che il cervello è in grado di vivere. Così diventiamo progressivamente aridi e non c'è da stupirsi se, quando il futuro che abbiamo desiderato arriverà, non saremo in grado di godercelo. Viviamo in prestito, senza più agire.

Il nostro cervello, che è fatto per l'azione, perde gradualmente la sua funzione creativa. E a noi non resta che un "oggi" del quale proprio non sappiamo più vedere il senso.

Guardiamo i bambini: loro non sanno cosa sia il futuro. Vivono attimo dopo attimo e la loro azione è completamente fluida. Giocano per ore senza stancarsi passando da un gioco all'altro con la più grande naturalezza. Il loro segreto è che sono in grado di stare nel presente: non sanno cosa sia il domani e non se ne preoccupano minimamente. In questo modo tutto ciò è unico, perfetto, compiuto in se stesso. Il loro cervello sa vedere e scoprire analogie che noi adulti, ingabbiati dai nostri modi di pensare, non vediamo più.

Sono capaci di sorprendersi, ridono, godono anche delle più piccole cose. Possiamo fare altrettanto, basta imparare a vivere nel "qui e ora", come insegnavano gli antichi.

Cosa evitare nella vita di tutti i giorni

I tentennamenti. «Nel camminare, camminate, sedendo, sedete. Soprattutto non tentennate.» Yün Men, saggio zen, identifica con questa massima la strada migliore per realizzare quella naturalezza e quella spontaneità che rendono la mente un tutt'uno. Così, evitando i tentennamenti il nostro cervello lavora meglio, fa meno fatica e risparmia energia. Quindi è più produttivo e non invecchia.

Quando invece dubitiamo e poniamo un intervallo di tempo fra un pensiero e un'azione conseguente, rimuginandoci sopra, esauriamo velocemente le energie a disposizione del cervello. In più rischiamo di cadere in preda a quell'ansia che blocca definitivamente la nostra azione.

Gli sforzi mentali. Leggere controvoglia, dedicare troppo tempo all'enigmistica, imparare poesie a memoria, sforzarsi di ricordare le cose nei minimi dettagli sono esercizi che affaticano il cervello e lo infarciscono di nozioni spesso inutili.

È come tenere nel computer file vecchi di anni, pur sapendo che non servono più. Il computer si intasa, rallenta la sua attività e rischia il "black out". La salute del cervello non si misura in termini quantitativi. Vale a dire che l'equazione "più so, meglio funziona la mia mente" è solo un vecchio pregiudizio ereditato dalla scuola, dall'ambiente in cui viviamo. Un cervello ben funzionante invece si giudica dalla sua capacità creativa, mai dalle informazioni che contiene.

Così ti spegni

- IDENTIFICAZIONI
  Prendere qualcuno o qualcosa come esempio per i nostri comportamenti uccide la creatività.

- LOOK SEMPRE UGUALE
  Sempre in tailleur, o jeans e maglietta...
  Scegliere un look sempre uguale rafforza la nostra identità. E blocca il cervello in schemi fissi.

- ABITUDINI
  Quando facciamo due volte la stessa cosa nello stesso modo e con le medesime persone è già troppo. Chiudiamo la mente in una gabbia comoda e rassicurante... ma siamo sicuri di starci bene?

- ASPETTATIVE
  Generano aridità e rendono invivibile il presente.

- GALATEO
  Se le regole della buona educazione diventano la nostra ossessione primaria, rischiamo di frenare la vita che scorre dentro di noi e se ne infischia delle regole.

Gli atteggiamenti che salvano il cervello

Una volta sgombrato il campo da tutto il superfluo, cosa resta? È la domanda che mi pone Graziano, 37 anni, insegnante. «Dottore, ma se rinuncio alle mie abitudini, al mio modo di pensare, ai miei ideali, alle mie speranze per il futuro cosa resta? Pensavo che guardare al domani fosse un segno di ottimismo, di voglia di fare... e invece lei mi dice che sto sbagliando tutto. Cosa resta, quando ho eliminato tutto quello che sono stato fino ad ora?»

Resti tu, Graziano, resta di te quello che veramente sei e che anni di pensieri e stili di vita sbagliati non hanno saputo intaccare.

Molte persone temono di non avere più nulla da fare quando perdono i loro abituali punti di riferimento. Non sanno che proprio nel non sapere è la chiave della felicità e il segreto di un cervello sempre giovane. «So di non sapere.»

Questo era il motto di Socrate, uno dei più grandi rivoluzionari della storia del pensiero occidentale. Non faceva nulla, non conosceva a priori, non cercava punti d'appoggio.

Questa condizione è la base di partenza essenziale per rigenerare il cervello, trovando il nostro talento, imparando a divertirci di nuovo. Proprio come quando, da piccoli, ci perdevamo per ore a seguire un gatto o il volo di una farfalla.

Amare la solitudine. Nella nostra società la solitudine è temuta, scacciata a tutti i costi. Si pensa di dover riempire i vuoti con parole inutili, di doversi frastornare di musica o di tv per non sentire il silenzio. Chi è solo è "solo come un cane", e chi desidera la solitudine è guardato con sospetto, come se avesse qualche ingranaggio fuori posto. Eppure la solitudine è naturale nell'ambito della nostra vita. Siamo soli nel sonno, siamo soli nell'utero, siamo soli quando dobbiamo decidere nei momenti chiave della nostra esistenza.

Osserviamo, come farebbe il saggio: la solitudine che ci accompagna in tutte queste circostanze caratterizza i momenti di massima creatività. Quando dal "seme" nasce un essere umano, quando il riposo notturno rigenera i nostri neuroni, quando scegliamo la nostra strada non c'è nessuno con noi. Perché non ce n'è bisogno. Se impariamo a vivere positivamente la solitudine, possiamo imparare a utilizzare al meglio il nostro cervello. Quando siamo isolati, al buio, in uno stato contemplativo, il cervello funziona in maniera "rotonda" e siamo in grado di sfruttare il massimo del suo potenziale.

Al contrario, se temiamo la solitudine, lo utilizziamo in maniera limitata, non oltre il 20%. Stare da soli è un farmaco eccezionale per le nostre cellule cerebrali.

Guardiamo gli animali: quando stanno male si isolano, si allontanano dal branco. Loro non hanno fatto studi di neurologia eppure sanno, istintivamente, che per guarire devono stare da soli. Questo dimostra come la solitudine e il silenzio siano veramente in grado di rigenerare tutto il nostro organismo.

Il primo a ricrearsi è proprio il cervello, che in queste condizioni secerne le sostanze del benessere e della tranquillità.

Scegliere le parole giuste. La parola ha lo stesso potere fecondante della cellula seminale. Lo scrive Pavel Florenskij, simbolista russo. Come lo sperma, attraverso la fecondazione, genera un nuovo individuo, così la parola, seminata nel cervello, dà origine a un nuovo modo di pensare.

Ecco perché le parole sbagliate possono farci male e far invecchiare il cervello. Evitiamo di dare definizioni per giustificare o spiegare un comportamento. Frasi come «Non riesco mai a reagire... sono timido» si fissano nel cervello e alla fine ci convincono di essere null'altro se non le nostre definizioni. Così ci riduciamo a essere una serie infinita di etichette che non hanno nulla di veramente nostro. Ma non dobbiamo neanche frenare le parole. Che siano parole di rabbia, di passione, di paura, lasciamole uscire. Bloccarle significa creare dei "grumi energetici" che prima o poi esploderanno, sotto forma di acidità di stomaco o irritazioni cutanee, ad esempio.

In ogni occasione, quando parliamo e quando ascoltiamo, dobbiamo essere consapevoli: la parola ha il potere di cambiare noi e gli altri e va usata con la massima attenzione.

Ridere di più. Una buona dose di umorismo al giorno ci aiuta a vedere la vita da un'angolazione diversa. Ridere è il migliore antidepressivo perché strappa la nostra coscienza dall'usuale direzione in cui si è incanalata, aprendoci ad altri mondi.

La risata riduce nel sangue i livelli degli ormoni dello stress e ci fa subito sentire bene... ridere e giocare sono i veri salvacervello, i più economici antidoti allo stress e alla depressione. Come mai?

La risata (che sia mossa da una battuta osé, da un incidente buffo e imprevisto, da uno strafalcione linguistico) spezza con gli schemi precostituiti che ci costringono a valutare le cose sempre allo stesso modo. È un atto creativo e ricreativo, nel senso che ricrea dall'interno le nostre cellule nervose.

Forse è per questo che Giacomo Leopardi amava dire: «Chi ha il coraggio di ridere è padrone del mondo».

Essere cedevoli. Ci hanno insegnato a resistere, a tenere duro, a fare fronte alle difficoltà, a non cedere mai. Determinazione, orgoglio, forza... sono questi gli ammaestramenti che abbiamo ricevuto dai genitori, dalla scuola. Ci hanno messo addosso, sin da piccini, una bella armatura di raccomandazioni inutili e ci hanno detto: «Vai e affronta il mondo». Ma la vita è veramente tutta una lotta? Se apprendiamo questo stile di comportamento, allora ogni più piccolo obiettivo sarà una fatica enorme.

Una parte enorme della nostra energia sarà impegnata non a perseguire il nostro fine, ma a lottare contro gli imprevisti, le resistenze che incontriamo, i nostri stessi pregiudizi che ci portano ad andare, così spesso, in una direzione che non è la nostra... eppure basterebbe molto meno.

Sarebbe sufficiente lasciare il cervello libero di seguire i suoi percorsi, senza costringerlo a "resistere". La resistenza crea dolore, crea fatica, stress, sofferenza. Così, per risolvere i disagi psicologici, io consiglio sempre di cedervi: non si tratta di lottare contro la depressione o contro l'ansia o contro la tristezza. Per farle svanire bisogna cedere, accoglierle, guardarle mentre prendono possesso di noi.

Lentamente, quando le abbiamo osservate senza giudicarle, svaniscono e poi non tornano più perché il cervello ha trovato da solo la via per eliminarle. Al contrario, quando combattiamo, non facciamo che dare più forza a ciò che vorremmo eliminare. E in questo percorso ci bruciamo una gran quantità di energia mentale e di cellule nervose.

Emozioni al posto dei farmaci. Tutti i farmaci possono nuocere al cervello. Causano un sovraccarico del fegato ed è per questo che, ad esempio, ci si sente affaticati e stanchi, senza forze, dopo aver assunto medicine per lungo tempo. In particolare, sono dannosissimi gli psicofarmaci. E non solo perché intossicano le cellule nervose, frenandone il rinnovamento, ma anche perché "congelano" il disturbo che invece dovrebbero curare, mantenendo invariate le condizioni del cervello.

Bloccando il disturbo, ci inducono a sprecare l'occasione che la malattia ci sta offrendo, la chance di cambiare vita, e lasciarci così alle spalle il disagio una volta per tutte.

Che si tratti di ansia, insonnia o depressione, insieme al disturbo gli psicofarmaci spengono la Vita e riducono chi li prende a una specie di automa, costretto a vivere un'esistenza riflessa, vicina al mondo degli automatismi biologici.

Al contrario, elaborare emozioni ed esperienze crea nel cervello nuovi ponti neuronali, nuove sinapsi, nuove connessioni all'interno dell'encefalo, che ci consentono di crescere e sperimentare nuove possibilità operative.

Fare più spesso l'amore. L'erotismo è una carica benefica che coinvolge tutto l'organismo, perché tocca le aree del cervello da cui nasce la salute. Ogni volta che si accende il desiderio scatta nell'ipotalamo un'immagine che è un vero toccasana per il cuore, i polmoni... il sistema immunitario si rinforza e il sangue si rigenera.

Avevano ragione gli antichi, quando ritenevano Eros la massima carica creatrice dell'universo. Ma è fondamentale anche il modo in cui facciamo l'amore: il sesso consumato di fretta, controvoglia o peggio con sensazioni di inadeguatezza o di colpevolezza non ci rigenera, anzi.

Ricordate come iniziava la fiaba di Amore e Psiche? Psiche era una fanciulla molto bella e il dio Amore (Eros per i Greci) la scelse per sposa. La fanciulla era felice con il suo sposo anche se le era vietato vederlo.

Passavano insieme notti meravigliose, ma Psiche non aveva mai guardato in volto il suo sposo. Le sorelle ne aizzarono la curiosità. Invidiose della sua felicità la indussero a guardare il marito nel sonno, per verificare se per caso non fosse un mostro... Psiche si lasciò tentare e, mentre lo sposo dormiva, si fece luce con una lampada. Una goccia d'olio cadde addosso ad Amore che si svegliò e, deluso dalla curiosità della moglie, la abbandonò.

Questo racconto, ancora oggi, può insegnarci tantissimo. L'approccio con l'amore che fa bene al cuore e al sistema nervoso è carico di mistero, cresce nel buio, nel silenzio. Non cerchiamo conferme del nostro valore di amanti, non esponiamoci ai confronti e ai giudizi e non facciamone a nostra volta.

Soprattutto, non cerchiamo di capire, non parliamo di cosa facevano o dicevano gli ex. Tutto questo va lasciato nella soffitta della memoria. Altrimenti ci porta fuori dal presente, negandoci la possibilità di vivere un amore per sempre giovane, pienamente rigenerante.

Stancarsi sino in fondo. Quando ci sentiamo stanchi, dopo una giornata di lavoro pesante, abbiamo solo un desiderio: andare a letto, riposare, al massimo un bagno caldo e via, sotto le coperte. Ma questa abitudine, per quanto naturale, non fa bene al cervello. Sarebbe molto meglio attardarsi a fare altre cose, andare in palestra dopo il lavoro, inventarsi un hobby per il dopo cena.

Solo se lo stanchiamo a fondo il cervello può rigenerarsi, facendo piazza pulita di tutto ciò che è inutile giorno dopo giorno.

Paradossalmente, se facciamo così, ci sentiremo meno stanchi durante la giornata successiva e saremo più attivi. Questo accade perché non ci siamo portati nel letto con noi le preoccupazioni e le "scorie mentali" della giornata e il sonno è stato veramente l'occasione di rinnovamento che il cervello attendeva da tutta la giornata.

Vivere in questo modo significa condurre un'esistenza in totale armonia con il nostro encefalo, che è azione pura. Lui non rimanda a domani, come faremmo noi presi dalla pigrizia...

Ritrovare la creatività. Quante volte, da ragazzi, avremmo desiderato diventare pittori, ballerine, scrivere romanzi. La creatività allora sgorgava naturale, senza soluzione di continuità: potevamo passare da una costruzione in lego ai soldatini in meno di un minuto, inventando sempre nuove storie e nuovi scenari per i nostri giochi.

Che fine ha fatto quella creatività? È rimasta ingabbiata dai doveri, dai compiti quotidiani, dalla buona educazione, dalle tante "spiegazioni" che abbiamo cercato nei genitori, nei nonni, negli insegnanti. Eppure quando da piccoli inventavamo non eravamo mai stanchi... Da quanto tempo non ci sentiamo più così? Se vogliamo stare bene e sfruttare appieno il nostro cervello, dobbiamo ritrovare il bambino che è in noi.

È il nostro piccolino che ci indicherà cosa fare: un corso di tango, un quadro a olio, una composizione di fiori secchi, un maglione ai ferri... tutto va bene, purché sia un'operazione creativa. Mentre compiamo il nostro "capolavoro" cerchiamo di essere completamente presenti a quello che facciamo e a noi stessi. Non lasciamoci distrarre da nulla (telefono, tv, figli o partner). Proprio come fanno i ragazzi, che dimenticano persino di mangiare quando sono impegnati a creare.

Sfidare l'ignoto. L'ignoto fa tremendamente paura a molte persone. Mi scrive Alberto, 60 anni, di Napoli: «Ogni volta che devo fare qualcosa di nuovo, sono paralizzato dal terrore. Penso di non avere gli strumenti per affrontare la situazione, e quello che non conosco mi affascina ma mi fa paura. All'inizio mi sentivo così solo quando dovevo prendere decisioni importanti e mi giustificavo pensando che l'indecisione in questi casi è normale. Ma ultimamente, da quando mi sono messo in pensione, ho paura persino a prendere l'aereo, a fare una vacanza in un posto che non ho mai visto... Sta diventando un problema, dottore, e ogni volta che devo fare qualcosa di nuovo mi sento impaurito per giorni, non riesco più a pensare ad altro...».

Povero Alberto, direte voi, potrebbe godersi la pensione e non riesce più a muoversi da casa! Le paure di quest'uomo sono il segnale che per lui è difficile accettare il cambiamento. «Dopo quarant'anni di lavoro, sempre nella solita azienda, è arduo mutare il proprio stile di vita.» Alberto, qualcosa dentro di te ti sta dicendo che proprio ciò che temi ti può dare la felicità. E, più forte è la seduzione di questo mistero, più tu hai paura... I tuoi timori, con la loro forza prepotente, ti segnalano che ti stai "disintossicando" da una vita di abitudini, che è il momento buono per vivere la vita che hai sempre desiderato. Approfittane adesso: altrimenti rischi di vestire sempre i panni del medesimo personaggio. Ogni giorno più spento. Ogni giorno più impaurito.

Cercare la magia. C'è una magia in tutte le cose. Una magia sottile che dobbiamo osservare e accogliere, perché ci porta a realizzare i nostri desideri. Accogliere la magia significa fare le cose senza nessuno sforzo, lasciando che il cervello trovi da sé la via per rendere concreti i nostri pensieri.

È accaduto a Valentina, la migliore amica di mia figlia, Nicoletta. Ballare è il suo talento, il suo sogno è fare un musical. «Non so quante audizioni ho fatto» mi racconta. «Sono più brava delle altre, di tante ballerine famose che vengono da me ad allenarsi... Eppure prendono sempre loro, sarà perché sono piccolina e lotto con le diete, sarà che se non sei bellissima non vai avanti...»

Valentina non vinceva i concorsi solo perché era inserita in questo schema di valutazioni e giudizi. Non si sentiva abbastanza bella, abbastanza snella e così rompeva quella magia che la faceva danzare. Il suo Talento non ci stava, non voleva essere giudicato, voleva danzare nel Senza tempo, con l'Universo: «Quando ballo, io a un certo punto non ci sono più... Non sono io che ballo, è il ballo che danza in me». Le consiglio di liberarsi dei giudizi, della sua paura di non farcela: «Vai alle audizioni straniera a te stessa» le dico. «Il tuo sogno si realizzerà. Quello che conta è il filo invisibile. Lascia fare a lui.» Valentina è rimasta colpita.

«È vero; fino adesso ai concorsi ho ballato per gli altri, con tutte le mie paure di non farcela, di non essere all'altezza.» Ritorno dalle vacanze. Mi telefona Nicoletta: «Papà, è successa una cosa grande. Valentina è stata presa! Ne hanno scelte dieci su cinquecento e lei è tra quelle. Pazzesco no? Mi ha detto di dirti che ha ballato con il "Senza tempo"».

Trovare il proprio talento. Tutti noi abbiamo un talento. Non si tratta necessariamente di un talento nella danza, nel canto, nella recitazione. Il talento è legato anche a cose semplici e quotidiane, come coltivare le rose, ricamare a punto croce, fare dolci. È un'azione che ci fa sentire bene, completamente realizzati, in armonia con noi stessi.

Il talento trascende la mente quantitativa, non conosce valutazioni. È come una sostanza che parte dal nostro cervello, dalla sua parte più antica e rivitalizza tutto l'organismo. Poi diventa concreta, diventa materia e la realizzazione pratica non conosce ostacoli. Fluisce e basta, senza intoppi. Possiamo sfruttare il nostro talento all'infinito senza mai provare un attimo di stanchezza. Se siamo presenti e consapevoli nell'azione che porta a realizzare il nostro talento, non sentiamo più fame, non tolleriamo interruzioni. Realizziamo quel *continuum*, come lo chiamavano i Latini, quel tempo ininterrotto e infinito che è la caratteristica primaria di un buon cervello.

Il nostro talento, quella capacità che ci rende speciali e unici al mondo, è il miglior nutrimento per l'encefalo. Quando esprimiamo il Talento, quando lo lasciamo fluire liberamente, esso ci porta a realizzare tutti i nostri desideri.

Divertirsi in vacanza. Quando si dice «Sono stanco, vado un po' in vacanza» in realtà il nostro cervello vorrebbe dire «Sono depresso, ho bisogno di liberare della serotonina».

La serotonina è l'ormone del benessere, che in condizioni di appagamento il nostro cervello secerne spontaneamente.

Ma quando siamo sotto pressione, stressati, affaticati, soffocati dalle abitudini, l'azione armonizzatrice di questo importante mediatore chimico viene messa in pericolo.

Al contrario, il divertimento ne libera in grande quantità, ringiovanendo le cellule cerebrali. Ma perché questo accada è necessario introdurre delle novità, lasciarsi prendere dal gioco e dalla curiosità. Quindi in vacanza è bene evitare di visitare sempre gli stessi posti, andare sempre negli stessi ristoranti, mangiare sempre i medesimi cibi e partire con il solito gruppo. Soprattutto, guai a programmare: sono le sorprese che rigenerano il cervello!

Le dodici cose da fare

1. *Stare da soli.* Tutti i giorni, ritagliamoci venti minuti: mettiamoci in una stanza, a occhi chiusi. Facciamo il vuoto dentro di noi e prendiamo consapevolezza di noi stessi.

2. *Evitare le definizioni.* Non diamo mai definizioni né di noi né degli altri. Comunichiamo in modo più spontaneo, senza preoccuparci di non piacere a qualcuno.

3. *Ridere di più.* La risata crea una cascata di ormoni che ci fanno stare bene e rinnova le cellule nervose.

4. *Scegliere la cedevolezza.* Non opponiamo resistenze, lasciamo che le cose accadano. Il cervello sa già dove portarci.

5. *Buttare i farmaci.* Eliminiamo gli psicofarmaci: frenano l'energia vitale e ci spengono.

6. *Fare l'amore più spesso.* L'eros scalda e rinnova le cellule cerebrali, che restano giovani più a lungo.

7. *Stancarsi sino in fondo.* Solo esaurendo le forze completamente possiamo trovarne di fresche.

8. *Fare cose creative.* La creatività mantiene "oliato" e lubrificato il tessuto nervoso.

9. *Sfidare l'ignoto.* Bando ai timori. L'ignoto è ricco di possibilità di sperimentare e perciò potenzia il cervello.

10. *Cercare la magia.* Facciamo le cose senza sforzo. Se ci costano fatica, chiediamoci se fanno per noi.

11. *Trovare il proprio talento.* Facciamo quello che ci suggerisce l'istinto, presenti a noi stessi nell'azione.

12. *In vacanza solo per divertirsi.* Evitiamo le vacanze forzate, quelle in cui sappiamo già che ci annoieremo. Scegliamo posti e compagnie nuove, altrimenti il nostro sistema nervoso torna più provato di quando siamo partiti.

Cosa fare con i bambini?

I bambini, in genere, sanno già quel che ci vuole per loro. Mangiano quando sono affamati. Bevono quando hanno sete, vanno a dormire quando hanno sonno. Il loro cervello realizza spontaneamente quell'unione con il cosmo che noi adulti abbiamo perso da tempo. Una mia paziente mi raccontava di sua figlia. Brava in italiano, un disastro in matematica, non capiva proprio le tabelline. Maddalena (la mia paziente) passava interi pomeriggi a spiegarle il concetto, ma senza risultato.

La bambina non ne voleva sapere. Chissà cos'era a creare quella resistenza. Poi, un giorno di primavera, la piccola stava giocando in giardino. Iniziò a seguire il volo di una cavolaia, staccò i pensieri e come per magia nella sua testa scattò un clic: «Sei per uno sei, sei per due dodici, sei per tre diciotto...». Una farfalla le aveva insegnato la matematica meglio di qualsiasi maestro.

Piuttosto che ammaestrare i bimbi, dovremmo imparare da loro. Osserviamoli: conoscono per istinto il valore creativo del silenzio. Possono stare da soli in cameretta per ore sentendosi benissimo. La sofferenza arriva quando noi apriamo la porta e diciamo: «Ma tesoro, cosa fai lì tutto solo?».

Le nostre parole creano una sfasatura tra ciò che è (e che il bambino sente spontaneamente) e ciò che mostriamo loro.

Lasciamo che siano, senza imporre loro regole e modi fissi di pensare. Troveranno più facilmente la loro strada.

IL TEST

Quanto è giovane il tuo cervello?

Spesso siamo convinti che esista un solo modo per usare il cervello: quello che sperimentiamo ogni giorno. Per questo mettiamo in atto quei comportamenti e quegli atteggiamenti sbagliati che portano l'encefalo a invecchiare precocemente.

Scoprire "a che punto siamo", ovvero quanto le nostre abitudini e i nostri consueti stili di pensiero ci condizionano, è di grande importanza per rimanere sempre giovani mentalmente. Ecco un test, che consente di rilevare i "punti deboli", per trasformarli in "punti di forza".

Tua figlia torna a casa con i capelli di un vistoso colore verde prato. Come reagisci?

■ La prendi a male parole ed esprimi tutta la tua disapprovazione ❑
● Fai finta di niente ❑
▼ Ti colpevolizzi e ti chiedi in cosa hai sbagliato ❑

Sei a dieta e in ufficio c'è una festa di compleanno, con tanto di torta e spumante. Cosa fai?

■ Ti fai forza e resisti ❑
● Ci pensi bene e ti convinci che non è il caso ❑
▼ Assaggi qualcosa ma senza esagerare ❑

Scopri che il partner ti tradisce

■ Cerchi di farlo innamorare di nuovo: così non vedrà più le tentazioni ❑
● Gli imponi di decidere tra te e l'altra/o ❑
▼ Gli rendi la pariglia facendolo ingelosire ❑

In un supermercato sorprendi qualcuno che ruba un vasetto di maionese

■ Lo fermi e gli chiedi di rimetterlo a posto ❑
● Ti intenerisci pensando che forse ha dei problemi ❑
▼ Fai finta di non vedere ma ti senti suo complice ❑

Un tuo progetto al quale tenevi molto viene affidato a un'altra persona

■ È colpa tua: non ti sei dato da fare abbastanza ❑
● Chiedi spiegazioni ❑
▼ Lasci correre ma fai le tue valutazioni ❑

Il tuo motto è:

- ■ Ho sani principi ❑
- ● Ho le idee chiare ❑
- ▼ So far valere le mie ragioni ❑

I tuoi amici ti apprezzano soprattutto perché

- ■ Hai sempre la parola giusta al momento giusto ❑
- ● Sei sempre equilibrato e costante ❑
- ▼ Sei brillante e comunicativo ❑

Tra questi difetti, quale sopporti meno?

- ■ L'indecisione ❑
- ● Il non saper stare con i piedi per terra ❑
- ▼ L'eccesso di concretezza ❑

Quale di questi pittori apprezzi di più?

- ■ Donatello ❑
- ● I fiamminghi ❑
- ▼ Dalí ❑

Quando desideri una cosa:

- ■ Ti sforzi di ottenerla ❑
- ● Valuti a lungo se veramente la vuoi ❑
- ▼ Cerchi la "strategia" migliore ❑

MAGGIORANZA DI ■

Idealista e pianificatore

Sei zelante, ti impegni a fondo nelle cose, ami pianificare e programmare tutto quello che fai. Dietro ogni tua azione, però, si nasconde una pericolosa tensione idealistica: tu sai cosa è giusto e cosa è sbagliato, hai le idee chiare su come bisogna agire e come ci si deve comportare e cerchi di uniformarti il più possibile a questo modello mentale.

Attento: per questa strada soffochi le tue potenzialità e inquini il tuo pensiero con il giudizio. Concedi più spazio all'istinto e i risultati che cerchi arriveranno senza fatica.

MAGGIORANZA DI ●

Incerto e dubbioso

Ti fai spesso mille domande, ti chiedi perché... Vuoi andare a fondo delle cose e non ami le sfumature e le ambiguità. Tutto deve essere bianco o nero, senza indecisioni. Questo tuo atteggiamento risponde al bisogno di avere certezze e punti fermi. In questo modo però utilizzi solo la parte superficiale del tuo cervello, imprigionando in una gabbia di dubbi la tua vena creativa. Apriti all'imprevisto e il tuo cervello incontrerà nuove dimensioni operative. Così potrai rinnovare la tua creatività e arrivare senza tentennamenti a realizzare i tuoi desideri.

MAGGIORANZA DI ▼

Intellettuale e stratega

Ami l'intellettualismo, l'astrazione, le teorie. Il pensiero è uno strumento da usare in modo strategico, da valorizzare con una comunicazione accurata, seducente, brillante.

Il tuo problema? Fai fatica ad essere spontaneo, e così tendi a impantanarti in una serie di riflessioni che frenano l'azione. Sii più diretto e il tuo cervello ti porterà a ottenere ciò che vuoi.

Finalmente in armonia con la tua vera natura potrai valorizzare al meglio la tua ricca e poliedrica personalità.

Gli esercizi pratici

Un cervello giovane è un cervello pienamente operativo. Si concretizza nell'azione: quanto più è fluida, diretta, senza ostacoli, tanto più la mente è in grado di mantenersi sempre al meglio delle sue possibilità.

Lo studioso Giuliano Kremmerz descrive questa volontà operativa come l'intima compartecipazione tra il soggetto e lo strumento che gli consente di realizzare ciò che si è proposto. Immaginiamo di dover fare centro in un bersaglio: quanto più siamo tutt'uno con l'arco, la freccia e il bersaglio stesso, tante più saranno le possibilità di colpire nel segno.

È necessario creare uno stato rilassato e concentrato insieme, così da eliminare ogni sforzo. In queste condizioni, l'azione scorre come per magia, spontaneamente. Si crea uno "stato di grazia" in cui tutto si realizza, persino le cose più difficili. In questi casi accade che, azzerando i pensieri del "cervello superficiale", contattiamo il modo di essere del bambino, ancora calato in quel mondo magico che rende possibile tradurre concretamente la volontà operativa del cervello. Questo è il senso degli esercizi che vi propongo in queste pagine: imparare a creare quell'identità piena tra i nostri desideri (che corrispondono all'immaginario bersaglio) e il nostro strumento (il cervello). Sono tecniche semplici che potete mettere in pratica ogni giorno, senza nessuna fatica, regalandovi anzi momenti di benessere e rilassamento profondo.

Provateli tutti, a rotazione, e poi scegliete quello (o quelli) che vi piacciono di più: è importante che l'esercizio sia in perfetta armonia con la vostra natura se volete trarne i massimi benefici.

Gli esercizi

- Immergiamoci nel nero
- Inventiamo il nostro folletto
- Ritroviamo l'eros
- Eliminiamo le abitudini
- L'esercizio salva-memoria
- Disegniamo la nostra immagine

Immergiamoci nel nero

È al buio, nella terra che il seme riposa per un lungo inverno e si modifica in modo tale da poter manifestare a primavera le proprie potenzialità. Allo stesso modo, è nel buio dell'utero materno che avviene il concepimento e lo sviluppo di un nuovo organismo. Ecco perché immergersi nel buio ha un effetto profondamente rigenerante per il nostro cervello. L'incontro con il "nero" è fondamentale per favorire la trasformazione e la rinascita.

Come si fa

- Scegliamo un ambiente silenzioso e buio. Distendiamoci, chiudiamo gli occhi e respiriamo profondamente.
- Immaginiamo di calarci nel nero... sempre più nero... nel silenzio e nell'oscurità. Restiamo così per qualche minuto.
- Se emergono delle immagini spontanee non freniamole. Lasciamo che si dissolvano piano e torniamo a immaginare il buio.
- Respiriamo profondamente e incominciamo a muovere lentamente il corpo, poi sempre più energicamente, fino ad alzarci. A questo punto, rilassati e rigenerati, possiamo riprendere le nostre attività quotidiane.

I benefici

Questo esercizio rigenera le cellule cerebrali, producendo uno stato di rilassamento e benessere. In questo modo potenzia la creatività e l'energia.

Inventiamo il nostro folletto

Il folletto interiore è un alleato prezioso, che ci aiuta a trovare la via che fa per noi. È "l'amico immaginario" dei bambini, custode dei loro segreti e complice di mille giochi. Ritroviamolo anche noi, superando i condizionamenti razionali che ci portano a ritenerla una cosa infantile e troppo fantasiosa. È un compagno che non ci giudica ma ci aiuta ad armonizzare la nostra natura con le azioni che scegliamo di compiere, sgombrando il campo dall'inutile.

Come si fa

- Chiudiamo gli occhi, rilassiamoci e visualizziamo l'amico sconosciuto. Può avere le sembianze che preferiamo: un elfo dei boschi, un angelo, un vecchio saggio...
- Ora che gli abbiamo dato un volto, immaginiamolo con noi nelle situazioni che viviamo giorno per giorno. Osserviamo la sua espressione: approva, disapprova...
- Il folletto diventerà gradualmente una presenza fissa nella nostra vita. Allora ci accorgeremo che ci sarà più facile chiedere consiglio a lui che agli altri e condividere solo con lui i nostri segreti.

I benefici

Questo esercizio ci aiuta a stare meglio con noi stessi, evitando di scaricare sugli altri i pensieri e le preoccupazioni. Così, gradualmente, ci libereremo dai condizionamenti e permetteremo al cervello di essere sempre più operativo.

Ritroviamo l'eros

L'eccitazione sessuale non è, come siamo abituati a pensare, una sensazione. È una condizione naturale dell'essere, quella che nell'antica India veniva chiamata *ananda*, uno stato di piacere permanente del quale possiamo godere in ogni occasione della nostra vita. Ecco un esercizio per trovare il piacere dentro di noi.

Come si fa

- Mettiamoci in un posto tranquillo, meglio se in penombra, e sediamoci comodi. Chiudiamo gli occhi, respiriamo profondamente e rilassiamoci.

- Immaginiamo la persona con cui vogliamo fare l'amore, visualizzando la scena che più ci piace. Lasciamo che il desiderio si allarghi a tutto il corpo, con sensazioni, immagini, emozioni.
- Ora dissolviamo l'immagine, e portiamo l'attenzione sullo stato di piacere diffuso che proviamo e che continua a sgorgare anche senza la sua presenza.

I benefici

Così possiamo renderci conto che l'erotismo fa integralmente parte di noi e possiamo utilizzarne l'energia rigenerante ogni volta che ne abbiamo bisogno.

Eliminiamo le abitudini

Ecco un esempio pratico di come possiamo rinunciare alle nostre consuetudini, dando spazio allo stupore e a nuove possibilità che ci attraggono.

Come si fa

- Cambiamo il consueto percorso, per andare e tornare dal lavoro. Quando è possibile, cerchiamo di fare almeno un pezzo di strada a piedi, osservando quello che ci sta intorno (i balconi, i palazzi, i giardini...).
- Variamo l'alimentazione ogni giorno. Una volta la settimana poi, introduciamo nella dieta qualche alimento nuovo, che non abbiamo mai assaggiato.
- Modifichiamo le abitudini serali: se siamo pigri iniziamo a uscire, se siamo mondani organizziamoci qualche attività interessante per stare in casa.
- Diamo più spazio alle cose che ci appassionano. Almeno mezz'ora al giorno troviamo un momento per fare qualcosa che veramente ci entusiasmi.

I benefici

Così spezziamo la routine in cui il cervello è immerso, imparando a ragionare in modo diverso da come siamo abituati e a trovare soluzioni inaspettate a tutti i problemi.

L'esercizio salva-memoria

Le immagini hanno un grande potere rigenerante per il cervello e lo aiutano a potenziare la memoria. Possiamo farvi ricorso in ogni momento e circostanza, ma soprattutto nei periodi di stress, quando la nostra capacità di ricordare le cose è un po' appannata.

Come si fa

- Per abituarci a pensare per immagini, proviamo alla sera a ripercorrere gli eventi della giornata come se fossero impressi sulla pellicola di un film.
- Piano piano lasciamo svanire il ricordo: ci accorgeremo che il cervello fa "pulizia" da solo, eliminando i ricordi inutili e trattenendo solo le cose che contano.
- Quando abbiamo fatto pratica, possiamo usare questa tecnica per superare i vuoti di memoria. Invece di affannarci a cercare le chiavi di casa sediamoci, chiudiamo gli occhi, concentriamoci sull'oggetto e ripercorriamo per immagini la sequenza di fatti che hanno preceduto la dimenticanza.
- Se dobbiamo ricordare di fare qualcosa, associamo l'azione a un punto di riferimento: ad esempio, se dobbiamo ricordare il pagamento delle tasse, incombenza decisamente sgradevole, abbiniamolo a un mobile contro cui inciampiamo in continuazione.

I benefici

Oltre a favorire la memoria, queste tecniche rendono la mente più agile. Eliminano lo sforzo di ricordare, che sottrae energie fresche al cervello.

Disegniamo la nostra immagine

Tutti noi abbiamo uno "schema corporeo", un modo più o meno fisso di relazionarci al nostro aspetto fisico. Siamo abituati a vederci con un certo taglio di capelli, con alcuni colori preferiti addosso... Questa immagine che abbiamo di noi stessi però rischia di fissarsi col tempo, chiudendoci al cambiamento e rendendo il cervello poco "plastico" e aperto al nuovo.

Come si fa

- Disegniamo su un foglio la nostra immagine. Basta che rispecchi a grandi linee la nostra impronta.
- Ora modifichiamo il disegno con un particolare insolito: una pettinatura diversa, un abbigliamento inconsueto...
- Guardiamo il disegno e ripetiamo allo specchio l'operazione di modifica sul nostro corpo, fino a somigliare il più possibile a ciò che abbiamo disegnato.
- Se siamo abbastanza convinti del risultato, proviamo a mostrarci agli altri in questa nuova veste, magari al partner o agli amici più cari.

I benefici

Questo esercizio scioglie la maschera di perfezionismo che ci costringiamo a portare. Inoltre ci fa sperimentare un nuovo modo di porci in relazione con noi stessi, spostando l'ottica dal solito "punto di vista".

Nutrire il cervello

Il cervello ha bisogno di ricevere quotidianamente il nutrimento giusto. Tracciare una dieta corretta è quindi fondamentale per mantenerlo sempre giovane, a qualsiasi età. L'alimentazione deve essere soprattutto "viva", ricca di sostanze ricostituenti.

L'apporto costante di queste sostanze è in grado di garantire al cervello la sua piena efficienza. Al contrario, assumere i cibi sbagliati significa metterne a rischio la funzionalità ed esporlo a possibili danni.

Alla cura dell'alimentazione possiamo affiancare l'utilizzo delle erbe, degli oli essenziali e degli integratori naturali. Presi secondo le necessità di stagione o seguendo i bisogni specifici del momento, sono ricostituenti validissimi, che rinforzano il sistema nervoso mantenendolo sempre al top.

I cibi no

■ LO ZUCCHERO
Lo zucchero offre solo una sensazione temporanea di vitalità e lascia un vuoto energetico dopo pochi minuti. Quando viene assimilato dall'organismo lo zucchero bianco sottrae minerali importantissimi per il cervello (fosforo, magnesio, zinco), senza i quali non può essere metabolizzato. Anche i bambini dovrebbero astenersene.

■ I GRASSI ANIMALI
I grassi contenuti nel burro, nel lardo, nel prosciutto non sgrassato aumentano il rischio colesterolo che, secondo studi internazionali, è alla base di arteriosclerosi e ictus.

■ L'ALCOL
Diminuisce la capacità di concentrazione e di apprendimento. Non consumatelo a pranzo: sovraccarica il fegato, e quindi cau-

sa sonnolenza e affaticamento per tutto il pomeriggio. Da evitare i superalcolici: frenano il rinnovamento delle cellule nervose.

■ IL CAFFÈ
Secondo alcuni studi internazionali, il suo consumo abbondante peggiora la memoria. Per questo andrebbe evitato prima di un esame importante, di un colloquio di lavoro, di una riunione o di una giornata di lavoro molto impegnativa.

■ LA CARNE
La carne è spesso raccomandata per il suo contenuto di ferro, utile per risolvere gli stati di debolezza e stanchezza psicofisica. Ma attenzione: richiede tempi di digestione molto lunghi e quindi appesantisce l'attività intellettuale.

■ LE ABITUDINI ALIMENTARI
Consumare sempre i soliti cibi (cappuccino e brioche a colazione, pastasciutta e bistecca a pranzo, minestrone e formaggio a cena) fa invecchiare il cervello. È fondamentale variare il menu, anche per dare al nostro sistema nervoso tutte le sostanze di cui ha bisogno.

■ I CIBI CONSERVATI
I conservanti non sono "riconosciuti" dall'organismo. Quindi non vengono metabolizzati ma si depositano nel tessuto adiposo e i loro effetti tossici sul sistema nervoso si prolungano per anni. In particolare, è bene fare attenzione al glutammato monosodico (esaltatore di sapidità comunemente usato dalla cucina cinese): può dare mal di testa, sonnolenza e, addirittura, può causare depressione.

■ I PIATTI ELABORATI
I piatti elaborati, che associano tra loro i cibi più diversi, andrebbero evitati. La digestione deve essere rapida e non laboriosa, altrimenti può rallentare l'attività del cervello e i riflessi.

I cibi sì

■ I GERMOGLI
Di soia, lenticchie, grano, i germogli sono un nutrimento essenziale per il cervello. Ricchi di sali minerali e vitamine, sostengono il sistema nervoso e in più potenziano le difese dell'organismo. Aggiungiamoli alle insalate o consumiamoli centrifugati, sempre freschissimi.

■ GLI AGRUMI
Straricchi di vitamina C, sono il miglior antiossidante naturale. Prevengono l'invecchiamento di tutti i tessuti, non ultimo quello nervoso. Consumiamoli a metà pomeriggio o sotto forma di succhi (meglio se preparati in casa e bevuti subito, altrimenti le vitamine si ossidano e diventano inutilizzabili).

■ LA PASTA E IL PANE

Forniscono i carboidrati necessari a sostenere l'attività del cervello (che, non dimentichiamolo, si nutre prevalentemente di zuccheri complessi). Scegliamo il tipo integrale, che mantiene intatti tutti gli aminoacidi che servono al cervello.

■ LE VERDURE FRESCHE

Ricche di sali minerali e vitamine, contengono quell'energia fresca che rigenera il tessuto nervoso. Conditele con olio di oliva: il suo contenuto di vitamina E previene l'invecchiamento delle cellule cerebrali. Possiamo aggiungere delle mandorle filettate, utili per il loro tenore in grassi insaturi.

■ IL PESCE AZZURRO

Sgombri, tonno e sardine sono ricchi di acidi grassi omega 3, nutrimento fondamentale per il tessuto nervoso: secondo una ricerca australiana, queste sostanze sono un ottimo antidepressivo. La conferma viene da un dato epidemiologico: nei paesi dove si consuma più pesce azzurro (Taiwan e Giappone) la depressione è meno diffusa.

■ LE NOCI

Sono utili per il loro apporto di vitamina B, dalla quale dipendono le reazioni del sistema nervoso. Consumiamole a colazione, tritate nello yogurt o mescolate a miele d'acacia, da spalmare su fette di pane integrale.

■ L'AGLIO

È fondamentale per controllare la pressione e il colesterolo, scongiurando così il rischio di arteriosclerosi e ictus. Per evitare gli effetti sgradevoli del suo aroma, possiamo anche assumerlo in capsule, reperibili in erboristeria.

■ LA FRUTTA

Fresca e di stagione, è un ottimo spezzafame. Dà subito una sensazione di energia. Il fruttosio infatti dà al cervello i glucidi indispensabili per il suo buon funzionamento. In più evita quei cali di tono che, normalmente, seguono l'assunzione degli alimenti zuccherati.

Le erbe e le tisane

Le erbe aromatiche e officinali e la frutta fresca di stagione sono un validissimo aiuto per contrastare tutte quelle situazioni (stanchezza, affaticamento, cali di memoria, stress, malinconia) che alla lunga compromettono la creatività del cervello e la sua capacità di rigenerarsi. Ma non solo: esistono anche erbe capaci di contrastare alcune patologie (è il caso, ad esempio, del Ginkgo biloba, usato in molte sperimentazioni internazionali nella cura dell'Alzheimer) che portano alla progressiva degenerazione del tessuto cerebrale.

Sotto forma di oli essenziali, infine, le piante possono aiutarci a risvegliare l'attenzione e la concentrazione, molto meglio di qualsiasi sostanza stimolante. Qualunque sia la forma in cui scegliamo di utilizzare i preparati naturali (tisane, compresse o capsule di erba essiccata, tinture madri, oli essenziali, centrifugati), è determinante, per ottenere buoni risultati, seguire il ritmo della natura e delle stagioni. Il che si traduce in due conseguenze: la necessità di utilizzare i vegetali che maturano proprio nel momento dell'anno in cui ci servono (così da estrarne al massimo il potenziale rigenerante e ricostituente) e l'opportunità di curarci tutto l'anno, seguendo le necessità dell'organismo, così da mantenere le cellule nervose sempre al top della loro forma. Ecco come fare.

Una cura per ogni stagione

Il sistema nervoso, proprio come la natura, vive nel corso dell'anno diverse stagioni. Per comprenderlo facilmente, basta ricordare alcune espressioni quasi idiomatiche, quali "stanchezza di primavera" o "stress da rientro".

Condizioni che noi tutti abbiamo sperimentato, prima o poi, e che ci segnalano in maniera indubitabile che le necessità del cervello cambiano, di stagione in stagione. Allo stesso modo, cambia la chimica del nostro organismo (che del resto è governata proprio dal cervello): ad esempio, con la primavera si risveglia l'attività ormonale, mentre l'inverno porta a un naturale rallentamento delle nostre attività.

PRIMAVERA
Sfruttiamo la bella stagione per rifiorire

Con l'arrivo della primavera l'organismo conosce la sua stagione di massima fioritura. Una straordinaria occasione di rinnovamento, quindi, della quale possono beneficiare tutti i nostri tessuti, incluso quello nervoso. Eppure proprio in questa stagione (ad aprile, in particolare) ci sentiamo così stanchi, svogliati. Come mai? Dipende dalla forte sollecitazione energetica cui i nostri organi vanno incontro in questa stagione.

Il metabolismo è sottoposto a una forte accelerazione, con un carico di lavoro "maggiorato" che ci rende più vulnerabili allo stress. Ecco allora come si spiegano i mal di testa, l'affaticamento, l'insonnia... Tutte condizioni che, se non affrontate per tempo e nel modo giusto, rischiano di invecchiare precocemente il cervello.

Il centrifugato di primavera. Per stimolare la "fioritura" primaverile, ecco un centrifugato di verdure e fiori che ci darà tutta la vitalità di cui abbiamo bisogno. Centrifughiamo una carota (antiossidante, previene l'invecchiamento cerebrale), un gambo di sedano (ricco di minerali, elimina l'astenia), un mazzetto di crescione (rigenera il tessuto nervoso). Aggiungiamo dei petali di rosa essiccati e sminuzzati molto finemente. Beviamo al mattino, al risveglio, completando la colazione con pane integrale tostato spalmato di malto di riso (energetico e ricostituente).

ESTATE
Largo alla freschezza

La calura estiva e un'alimentazione più distratta che nel resto dell'anno (gelati, dolciumi vari, pizze e birre gelate) affaticano notevolmente il nostro cervello. Se a questo si aggiunge la naturale perdita di sali minerali dovuta alla sudorazione più abbondante, ne risulta un cocktail davvero pericoloso. Sonnolenza, senso di fatica costante, debolezza cronica sono i segni più evidenti che qualcosa non va. È un momento particolarmente critico, se pensiamo che il nostro sistema nervoso è già gravato dalla stanchezza di un intero anno lavorativo. Per non rischiare il crollo e mantenerci vitali fino alle vacanze, ci vuole un centrifugato di frutti di stagione (ribes rossi, ciliegie e mirtilli). Ricchi di energia, caricano di vitalità tutte le cellule, liberando il tessuto nervoso dalle "scorie" di un anno intero.

Il nettare a tutta forza. Centrifughiamo dei ribes rossi (ricchi di minerali, compensano la perdita di sali, favorendo così gli scambi a livello nervoso), ciliegie (che nutrono il sistema nervoso) e mirtilli (stimolano la microcircolazione, facilitando così il trasporto di ossigeno in tutti i distretti corporei). Beviamo il succo fresco così ottenuto, a più riprese nell'arco della giornata.

AUTUNNO

La fatica del rientro

È settembre, siamo appena tornati dalle ferie. Dovremmo essere rilassati, riposati, ansiosi di buttarci nel lavoro con entusiasmo. E invece no. Al solo pensiero di tornare alla scrivania cadiamo in uno stato di malinconia per le vacanze ormai passate e, al rientro, ci pare di essere ogni giorno più stressati. In gran parte, è colpa degli stravizi alimentari delle vacanze, che sovraccaricano il fegato e appesantiscono l'attività cerebrale.

Per questo è necessario un mix depurativo e ricostituente, che spazzi via le tossine e liberi, insieme all'energia che già è presente dentro di noi, la nostra creatività.

Il frullato energetico. Frulliamo un cachi (senza buccia, è un ottimo ricostituente naturale). Aggiungiamo il succo spremuto di un mandarino (antiossidante) e il succo centrifugato di una mela gialla (depurativa, disintossica il fegato ed è un ottimo tonico nervoso).

INVERNO

La stagione del riposo

In questa stagione tutta la natura tende a rallentare. Alcune specie animali vanno in letargo, gli alberi perdono le foglie e ogni essere vivente si ritira in se stesso, come per "risparmiare" le energie, per metterle in riserva. In attesa della rinascita primaverile, la terra custodisce nel suo grembo il seme, per concepire gli "embrioni" dai quali germoglierà un nuovo ciclo vitale.

È un momento molto delicato, nel quale è importante più che mai sintonizzarsi con i ritmi della natura. Ritmi lenti, con pause dedicate al riposo, senza mai forzare la mano.

Riposare bene, non lasciarsi prendere dalla frenesia sono due mosse fondamentali nella stagione invernale: riposarsi ora, alternando momenti di attività piena ad attimi dedicati interamente alla tranquillità, significa gettare le basi per un utilizzo ottimale del nostro cervello.

Al contrario, se non ci comportiamo così, il rischio di malinconia, stress e depressione è veramente dietro l'angolo.

La bevanda antistress. Il tiglio è un eccellente antistanchezza e antidepressivo. È ricco di energia solare e per questo è particolarmente indicato per contrastare il buio della stagione invernale. Inoltre, contrasta stress e insonnia, aiutandoci così ad approfittare al meglio del potere rigenerante del riposo notturno. Prendiamo un cucchiaio di fiori e poniamolo in infusione in una tazza di acqua bollente per 10 minuti. Quindi filtriamo e beviamo la tisana la sera, un'ora prima di andare a dormire.

In crisi? Annusiamo un olio essenziale

L'esaurimento, lo stress, la stanchezza cronica e l'insonnia sono le prime manifestazioni di un invecchiamento precoce del cervello.

Originati da atteggiamenti mentali sbagliati, rischiano di invischiarci in un circolo vizioso dal quale, alla lunga, diventa molto difficile uscire: come dire che lo stress genera altro stress, con l'inevitabile conseguenza di un'ulteriore accelerazione dei processi di senescenza cerebrale.

L'ideale sarebbe intervenire subito, ai primi segnali. Ma anche in presenza di situazioni ormai cronicizzate (come certe forme di insonnia, che possono durare anni senza trovare mai un'efficace soluzione) si può fare molto per arrestare questo processo. Gli oli essenziali sono il rimedio ideale per rigenerare il tessuto nervoso (recenti studi internazionali hanno dimostrato che le cellule nervose hanno infatti la capacità di ricrearsi, contrariamente a quanto la neurologia pensava sino a pochi anni or sono). E lo fanno attraverso una via privilegiata: attraverso le terminazioni olfattive comunicano direttamente con il sistema limbico, l'area del cervello coinvolta nelle emozioni e nei ricordi, convogliando così la loro azione direttamente dove serve.

Per tutti, il rosmarino, rigenerante da scrivania. Siamo preda di un vuoto creativo? Dobbiamo affrontare un progetto particolarmente difficile e impegnativo e ci mancano le idee? Affidiamoci al rosmarino: le antiche Tradizioni lo consideravano sacro, tanto che, nell'antica Grecia, i suoi rametti venivano bruciati durante le cerimonie religiose.
Da un punto di vista simbolico, il rosmarino è una pianta che mette in comunicazione l'"alto" e il "basso", lo spirito e la materia. Per questo il suo olio essenziale è quello che più di tutti rigenera il cervello e le cellule nervose, regalandoci energie mentali nuove e fresche. Teniamolo sempre a portata di mano e annusiamolo più volte nell'arco della giornata, anche al lavoro: stimola la fantasia e la capacità di concretizzare le idee.

Stress, si vince con il neroli. Si lavora a ritmi serratissimi, senza mai un momento di stacco. E, una volta a casa, bisogna sbrigare le mille incombenze e responsabilità della gestione familiare. Il risultato è uno stato di stress costante: si "accumula" sempre più, fino ad esplodere per un nonnulla. Lo stress è il nemico numero uno del cervello: sotto pressione, infatti, l'ossidazione cellulare si fa più pericolosa che mai e il tessuto nervoso invecchia più facilmente. Per ritrovare l'equilibrio, l'olio essenziale di neroli è il più indicato. Massaggiamolo puro, sotto il mento, al centro della fronte e sull'ombelico, al mattino dopo la doccia, con movimenti delicati e circolari.

L'ansia si scioglie in un bagno d'incenso. A volte capita che l'ansia e le tensioni quotidiane producano uno stato di confusione mentale, che rende difficile concentrarsi anche nelle cose più semplici.

Con il tempo poi, le preoccupazioni diventano idee fisse: un banale litigio con il partner diventa la causa a monte di una crisi insanabile, il profitto scolastico dei figli produce una costante apprensione...

In questo modo il cervello è sempre intasato di pensieri che ne frenano la capacità di rigenerarsi. L'olio essenziale di incenso (sette gocce nell'acqua del bagno) ci aiuta a ritrovare il nostro centro, liberandoci dagli ingorghi di pensieri.

Insonnia, ylang-ylang la spegne. Insonnia? Interveniamo tempestivamente per eliminare il problema. Il sonno infatti è un momento profondamente rigenerante per il cervello.

Senza un adeguato riposo le cellule nervose si "sfibrano" e sono così più esposte al rischio di invecchiare precocemente. L'olio essenziale di ylang-ylang, diffuso nell'aria della camera da letto un'ora prima di coricarci, ci predispone a un buon riposo. In più stimola l'erotismo che, come abbiamo già visto, è il più potente ricostituente per le cellule cerebrali.

Sempre stanchi? Serve un integratore

Gli integratori alimentari sono utilissimi per mantenere il cervello e il sistema nervoso giovani ed efficienti. Sono anche molto pratici, e ciò consente di trarne beneficio in qualsiasi luogo e in ogni situazione. In genere sono disponibili in tavolette, in capsule o in compresse, da ingerire con poca acqua.

Il lievito di birra. Non facciamolo mai mancare in un momento di stress o superlavoro: contiene aminoacidi, sali minerali e oligoelementi che lo rendono consigliabile per chi si sente stanco, poco attivo sul piano mentale. È anche ricco di vitamina B, indispensabile per il buon funzionamento del sistema nervoso. Notevole il suo potere antiossidante (e quindi antinvecchiamento). Si trova in tavolette: assumiamone due, tre volte al giorno, prima dei pasti.

L'olio di pesce. Il buon vecchio olio di fegato di merluzzo è un complemento indispensabile: è ricco di acidi grassi omega 3, dall'effetto ricostituente e antidepressivo. È disponibile in perle o capsule gelatinose: prendiamone due, tre volte al giorno.

La pappa reale. Questo prodotto dell'alveare è riservato all'ape regina, che grazie a questo alimento diventa cinquanta volte più longeva delle api operaie. Il suo contenuto di aminoacidi e oligoelementi ne fa un ricostituente adattissimo per favorire la crescita dei bambini. Va preso a digiuno, lasciandone sciogliere una palettina sotto la lingua.

La memoria fa cilecca? Rinforziamola così

Capita che in un periodo molto intenso la memoria inizi a perdere i colpi. Per riportare il cervello alla sua efficienza, è necessaria anzitutto una depurazione generale: un cervello che fa fatica a ricordare è un cervello "intossicato", gravato dalle scorie alimentari. A questo scopo, prendiamo tutti i giorni una tisana a base di fumaria, ortosiphon, tarassaco e liquirizia (due tazze al giorno), che elimina le tossine. Poi, per un mese, consumiamo questa minestra, tradizionale nella medicina cinese. È ricca di sostanze ringiovanenti per la memoria e le cellule nervose.

La ricetta. Poniamo a bollire 3/4 di litro di acqua. Quando bolle, versiamo 100 grammi di riso e 6 noci tritate. Lasciamo cuocere a fuoco basso per 40 minuti, finché la zuppa non diventa cremosa. Consumiamola calda, aggiungendo un filo di olio a crudo.

Conclusioni

Come abbiamo visto, la salute del nostro cervello dipende da noi. È come un orto che deve essere ben coltivato per poter fiorire, a qualsiasi età. Evitare gli sforzi, le abitudini, i pensieri ricorrenti, mettere al bando i dubbi e le incertezze sono le prime regole da seguire per mantenerci pienamente attivi. Facciamo spazio al nuovo, liberando la mente da tutto ciò che è vecchio, inutile, e saremo sempre in piena forma.

PARTE SECONDA

L’armonia del corpo: dimagrire senza soffrire

Perché ingrassiamo

«Ingrasso perché ho un metabolismo lento»; «Ingrasso perché non so seguire una dieta con costanza»; «Ingrasso perché sono troppo goloso». È con motivazioni come queste che di solito cerchiamo di spiegare la nostra tendenza a prendere peso. In realtà sono maschere sotto le quali si nasconde una verità a cui facciamo fatica ad arrenderci: ingrassare è prima di tutto una questione di testa. Solo il 15 per cento di chi è in sovrappeso ha ereditato una tendenza genetica al grasso e l'incostanza nelle diete o la golosità fanno certo parte del problema, ma non ne sono il cuore. Noi mettiamo su chili di troppo perché utilizziamo il cibo come un riempitivo, un tappabuchi, un surrogato con cui colmare vuoti, incertezze, insoddisfazioni.

Anna Maria, una donna di 40 anni, mi scrive una lettera emozionante e bellissima, che sintetizza in poche parole la sua sofferenza. «Io non sono contenta, vivo una vita in cui non mi sento appagata, non so da quanto tempo non rido di cuore e neppure mi diverto. Magari rido per gli altri, ma è solo una maschera che indosso: e niente mi prende per davvero... L'unico rifugio che mi rimane è il cibo. Lì e solo lì trovo soddisfazione. È amaro dirlo, ma è così.»

Nel momento in cui la nostra esistenza perde il suo gusto, quando viviamo senza gioia o quando siamo preda dell'insicurezza, della disistima, della carenza affettiva, ricorriamo al cibo, una "droga" facile, sempre pronta, lecita e di sicuro effetto. Non ci sono forse baci di cioccolato più dolci addirittura di quelli della mamma? Sì, il cibo ha un potere enorme, ci dà risposte, tranquillità, fiducia, sicurezza, coraggio. Ma sono appagamenti di breve durata. Arriva sempre un momento in cui esso stesso diventa il problema. Saturare lo stomaco anziché saziare il nostro bisogno di piaceri, emozioni, creatività significa percorrere una spirale pericolosa da cui non è facile uscire: «Non mi piaccio o non sono felice, allora cerco di "anestetizzarmi" mangiando, ma così ingrasso e mi piaccio ancor meno e sono più infelice, dunque mangio sempre di più...».

È a questo punto che entra in gioco l'ossessione della dieta. Chi tende a ingrassare convive con una voce interiore che gli ripete: "Oggi ti devi tenere a freno, mangia solo un secondo, salta il primo". È una voce punitiva che ci giudica e non può che registrare, giorno dopo giorno, il nostro fallimento: i buoni propositi vengono disattesi, quotidianamente cediamo alla trasgressione (il gelato, il cioccolatino...), come se ci ribellassimo a quella voce che vuole dominare le nostre scelte alimentari. Così il circolo vizioso è compiuto: la voce ci mette sull'avviso, noi falliamo, lei ci giudica e la lotta interiore continua. Sterile, inutile e frustrante.

Mettere a fuoco il vero problema

Dobbiamo ribellarci! A chi? A questa voce interiore che ci fa credere che saremmo perfetti solo se fossimo magri. A questa voce che vuole concentrare tutte le nostre attenzioni sullo sforzo di acquistare la linea ideale. Guai a svegliarsi al mattino con il cruccio di non farcela! Guai a lottare con noi stessi! Il primo passo per liberarci del desiderio smodato di cibo è mettere a tacere questa voce giudicante e punitiva. Il sovrappeso non deve diventare un'ossessione, ma deve far suonare un campanello d'allarme. Prima di buttarci nell'ennesimo regime ipocalorico, proviamo a domandarci quale sia la vera causa del nostro problema. Quale bisogno cerchiamo di colmare mangiando in eccesso? Quale fame emotiva si nasconde dietro la continua fame di cibo?

Molte volte i nostri stravizi alimentari servono a compensare piccoli disagi quotidiani, emozioni poco piacevoli che fatichiamo ad "accogliere" e che cerchiamo di attutire o di allontanare riempiendoci lo stomaco. È storia comune a molte persone, come raccontano le tante lettere che arrivano a «Riza psicosomatica», la rivista che dirigo.

La noia

Clara, 40 anni, descrive i suoi eccessi alimentari come veri e propri raptus che rompono le sue giornate molto ripetitive. «Quando sono annoiata mi abbuffo di cibi proibiti» dice. E questo la fa sentire appagata, anche se poi la lascia in preda ai sensi di colpa...

Gli stravizi di Clara ricordano i fuochi d'artificio che squarciano un cielo sempre uguale. Il suo è un profondo bisogno di sgarrare aprendo le porte ai piaceri della vita, che Clara non è abituata a concedersi, forse per colpa di un giudizio morale che glieli fa temere come illeciti. E poiché il peccato di gola sembra essere quello più innocuo, Clara trangugia ogni genere di alimento per tenere a bada appetiti che nel suo intimo ritiene più inopportuni.

L'ansia

Lucia, 30 anni, tiene sempre in borsa cracker e biscotti: «Ovunque vada devo avere con me qualcosa da mangiare. Sgranocchiare uno snack mi sostiene quando mi sento stanca e insicura».

Molte persone, al pari di Lucia, attribuiscono al cibo una funzione di rinforzo. Hanno paura di sbagliare o di non essere all'altezza delle situazioni e placano l'ansia mangiando, come se uno spuntino avesse il potere magico di renderle più forti e adeguate.

La rabbia

Carlo, 45 anni, mette in relazione i suoi fuoripasto incontrollati con gli eccessi di rabbia. Racconta: «Ogni volta che sul lavoro qualcuno mi manda fuori dai gangheri, corro a cercare qualcosa da masticare. E mastico con furia. Poi resto con la mascella indolenzita e un gran mal di stomaco».

Triturare il cibo, nel caso di Carlo, è un'alternativa alla pulsione di aggredire apertamente chi lo fa imbestialire. Il problema è che in questo modo non solo si mandano giù molte calorie, ma anche molta rabbia che, non potendo scaricarsi all'esterno, finisce per aggredire lo stesso Carlo. O meglio, il suo stomaco.

La paura di crescere

Marco, 19 anni, racconta che il suo problema è iniziato con il servizio militare: «Più passavano le settimane e più sentivo il bisogno di mangiare dolci. Non ne ero mai stato molto attratto prima, ma da allora non ho più saputo resistere a brioche, torte, biscotti e a tutte quelle cose buone che avevano sempre abitato la dispensa di casa mia».

Saziandosi di dolci, che in parte riproducono il sapore degli alimenti della prima infanzia, Marco chiede al cibo di tenere vivo il legame affettivo e di dipendenza dall'ambiente familiare che, mentre è in caserma, gli manca. Le sue abbuffate di dolci sono una specie di regressione alla prima età e nascondono la paura di un distacco dal mondo di bambino, distacco che ora gli sembra troppo doloroso.

Il desiderio di protezione

«Da piccola, quando rimanevo a casa da sola, mi circondavo di cuscini morbidi e mi ci nascondevo sotto a mangiare caramelle per non sentire la paura» racconta Sara, 22 anni. «Ancora oggi avrei voglia di farlo per rivivere il senso di protezione che provavo allora... ma devo accontentarmi dei miei fianchi torniti e delle mie cosce extralarge.»

Molti, come Sara, si rifugiano nella ciccia per nascondersi agli occhi del mondo, vissuto come minaccioso. I loro accumuli di grasso riconducono simbolicamente a qualcosa di morbido e di avvolgente alla cui protezione non si vuole rinunciare. Il cibo serve a queste persone per allontanare le paure.

Il bisogno di trasgressione

Sandro, 27 anni, racconta di avere faticato per ottenere un posto di lavoro che gli stava a cuore: «Ho imparato a stare alle regole e ora ho sempre presente quello che devo e non devo fare. Solo di notte perdo l'autocontrollo: spesso mi sveglio con una voglia pazza di abbuffarmi e non riesco a trattenermi».

Chi, come Sandro, basa le sue scelte e la sua esistenza sul giudizio degli altri e ritiene che l'autocontrollo sia l'unico comportamento accettabile, si trova poi a fare i conti con la propria parte irrazionale e istintiva che "scappa fuori" nei momenti più imprevisti. E resta spaesato nell'accorgersi di non poter dominare l'irruenza del bisogno di trasgressione.

L'insicurezza

«Non so resistere alla tentazione di mettere la forchetta nel piatto degli altri per assaggiare. Mentre cucino per qualcuno continuo a piluccare quello che gli sto preparando...» dice Mariagrazia, 36 anni.

La continua necessità di scambio e di condivisione del cibo esprime il bisogno urgente di entrare non solo nel piatto, ma nella vita degli altri. Con il suo comportamento Mariagrazia impone la sua presenza, manifesta il desiderio di contatto fisico e di vicinanza e svela, in ultima analisi, tutta la sua insicurezza, il suo timore di restare "tagliata fuori".

L'infelicità

Maddalena ha 26 anni e un problema: le abbuffate. «Appena entro in casa mi precipito in cucina e, senza nemmeno appoggiare la borsa, apro il frigo e divoro quello che trovo. Non importa se è notte o giorno, o se manca poco alla cena: devo mangiare fino a sentirmi piena. Ma subito dopo mi sento brutta e grassa e mi odio per quello che ho fatto.»

Maddalena è alla costante ricerca di qualcosa che le manca, di un nutrimento che non è solo alimentare. Le sue abbuffate parlano di insoddisfazione e disistima, di un profondo vuoto esistenziale che chiede con insistenza di essere colmato. Ma lei non sa dove trovare il nutrimento giusto e sfoga la sua infelicità nel solo modo che conosce. Senza raggiungere mai la vera sazietà.

I momenti in cui siamo più a rischio

Può capitare che il problema del sovrappeso si presenti come del tutto nuovo, nasca quasi all'improvviso e apparentemente senza un motivo. La ragione occulta del nostro abbuffarci può anche essere un evento di per sé felice (come l'assunzione in un posto di lavoro, il matrimonio, la nascita di un figlio), che tuttavia ha una ripercussione negativa sul nostro approccio al cibo. Cosa sta succedendo? Questi momenti di svolta ci fanno sentire arrivati e quindi automaticamente svuotati della tensione verso una meta, privati di uno scopo per il quale vivere. Ci sentiamo spaesati, bisognosi di individuare un nuovo obiettivo che, però, non è detto che riesca a galvanizzare le nostre energie come quello appena raggiunto. Di qui nasce la crisi. Abituati a cercare appagamento all'esterno anziché dentro di noi, colmiamo con il cibo il senso di vuoto. Spesso fatichiamo a trovare un nesso tra i problemi di peso e la fase esistenziale che stiamo vivendo. E invece quel nesso c'è.

Qualsiasi situazione in cui ci sentiamo vuoti rischia di spingerci sconsideratamente verso il cibo. Ci caschiamo durante una crisi di coppia, magari scegliendo i dolci perché si presentano come un buon compromesso per lenire il dolore. Ci caschiamo se perdiamo il lavoro, un evento al quale non siamo mai pronti e di fronte al quale non abbiamo subito la forza di ricominciare: ci fermiamo abbattuti e ci rifugiamo nella facile consolazione della tavola. Ci caschiamo spesso in quelle fasi di passaggio da un'età della vita all'altra, come la menopausa o il pensionamento, momenti in cui temiamo di perdere il nostro ruolo sociale: il cibo diventa un sostegno e un rifugio. Anche un lutto può spingerci a mangiare più del dovuto, nel vano tentativo di colmare un vuoto che non si colma.

Le trasgressioni alimentari hanno quasi sempre una spiegazione emotiva. Ed è su quella che bisogna lavorare per ritrovare il peso perduto.

Una pillola per dimagrire

Spesso sono l'ansia, la rabbia e l'insoddisfazione a farci aprire il frigorifero. Liberandoci di queste emozioni negative ci liberiamo dei chili di troppo.

I nemici della linea

Se, nonostante gli sforzi, non riusciamo a dimagrire, non dipende dal fatto che siamo deboli o senza forza di volontà, come tendiamo a rimproverarci. No, in noi non c'è niente di sbagliato. Semmai c'è qualcosa di molto forte che ci spinge a mangiare. Quel qualcosa è più forte dei nostri propositi, più forte del nostro desiderio di perdere peso. E se è così forte, evidentemente ha le sue ragioni, sta cercando di parlarci. Quel qualcosa che, nonostante il convinto proponimento di stare a dieta, ci fa mettere in bocca l'ennesimo snack fuoripasto è – a dispetto di quanto crediamo – la parte sana di noi, quella che si ribella al nostro ideale di perfezione, alla severità con cui vorremmo impedirci qualsiasi peccato di gola.

Guai allora a essere troppo rigidi, a frustrarci perché abbiamo mangiato una caramella in più, a imporci mezz'ora di camminata per smaltire il cioccolatino proibito. Dobbiamo smettere di chiedere a noi stessi dei sacrifici, essere più morbidi e permissivi, cedere alle nostre voglie. E non sentirci bravi se abbiamo fatto una rinuncia e cattivi se non ci siamo riusciti. Sembra un paradosso, ma è così: inizieremo a dimagrire quando diventeremo più teneri con noi stessi, meno severi, più comprensivi.

Un giorno mi ha telefonato Elisabetta, una lettrice della mia rivista «Dimagrire», per dirmi che è riuscita a perdere dieci chili, ma che gliene rimangono ancora quattro di troppo. Mi confessa Elisabetta: «A volte sento come una voce che mi dice: "Mangia, mangia". Io ci combatto... ma alla fine vince lei e ogni volta ci sto male». Cosa fare quando sentiamo questa spinta a rimpinzarci? Questa "voce" vuole essere ascoltata, vuole rompere il modello di perfezione che è dentro di noi e che troppo spesso è duro, rigido, implacabile.

Insieme a Elisabetta, decidiamo di dare un nome a questa "voce" e la chiamiamo Tania. Le spiego che per perdere gli ultimi quattro chili rimasti ci vuole la benevolenza di Tania, la parte di noi che rifiuta gli sforzi sovrumani che ci imponiamo pur di raggiungere obiettivi durissimi. Tania si ribella perché vuole giocare, divertirsi: vuole richiamarci all'indulgenza, vuole disarmare la nostra severità.

Elisabetta ha detto di avere capito. Mi ha assicurato che dedicherà a Tania tutte le attenzioni che merita, che smetterà di trattarla male. Sono certo che, così, anche quegli ultimi quattro chili se ne andranno.

Mai dire dieta

I dati parlano chiaro: nove volte su dieci le diete falliscono, con risultati devastanti sul piano non solo fisico, ma anche psicologico, perché ci si sente subito incapaci, si perde un po' della propria autostima, ci si abbatte. Il problema è che dieta significa sacrificio, rinuncia, cose che ci spaventano e ci spingono a consolarci, manco a dirlo, con il cibo.

Sandra, partecipando a un incontro di psicoterapia di gruppo, descrive la parola "dieta" come un mostro concreto, quasi un nemico reale presente nella sua vita. La vede «di un colore freddo, con una consistenza dura, metallica, un profilo tagliente». Sandra non esagera, ha solo imparato a dare voce alle immagini che le parole suscitano e dieta, per lei che da anni ha problemi di peso, è uno spettro per nulla rassicurante con cui confrontarsi quotidianamente.

Molte donne e uomini conoscono bene la sensazione di Sandra, anche se forse non hanno mai provato a descriverla con immagini così vivide. La parola "dieta" ha un effetto boomerang, basta lei sola a farci ingrassare. Il semplice pronunciarla ci fa sentire costretti in una corazza: da una parte, dire «Da oggi sono a dieta» ci dà sicurezza, ci fa credere di essere sulla strada giusta; dall'altra ci sposta in un mondo freddo, innaturale, dove gli istinti più "morbidi", come il desiderio di gustare una certa pietanza, devono essere allontanati. Ma se ci costringiamo troppo a lungo in una situazione di rinuncia forzata, alla fine esplodiamo. È come se la parola "dieta", imprigionando l'istinto della fame, lo facesse crescere a dismisura.

La fame, invece, è una forza calda e vitale di cui abbiamo bisogno, è un'energia buona che dobbiamo assecondare nel modo giusto, non incatenare, nemmeno con le parole.

Anche le parole fanno ingrassare

«Sono grassa e brutta, non ce la farò mai a dimagrire.» Una frase come questa, o come le molte che ripetiamo in continuazione quando non siamo contenti della nostra linea e siamo sconfortati rispetto alla possibilità di ritrovarla, fa più male che bene. Anzi, fa molto male.

La parola è come il seme, mentre parliamo ci autofecondiamo; più ci lamentiamo, più finiamo per impoverirci. La parola crea. La parola ha sul cervello un potere enorme. Si legge in un antico testo indiano: «Per favore, non usare il linguaggio sbagliato. Il linguaggio sbagliato non è solo fallace, ma strutturerà male la tua mente. E la tua mente, a sua volta, si colmerà di identificazioni false e fallaci».

Se continuiamo a lamentarci del nostro stato, a ripetere «Sono così, non riesco a cambiare», portiamo il cervello in un territorio nel quale è impotente, ne imbrigliamo il potere creativo, lo limitiamo. Non solo. Continuando a definirci come troppo grassi, inneschiamo un processo di identificazione pericoloso. Ma se, al contrario, iniziamo a pensarci come una persona in linea, se focalizziamo l'attenzione su questo nuovo pensiero positivo, il cervello si metterà da solo sulla strada del dimagrimento.

Quando vogliamo fortemente una cosa, non la dobbiamo pensare e ripensare trasformandola in un'ossessione. Basta che osserviamo la situazione come è ora e contempliamo cosa ci andrebbe meglio, ma senza ripeterlo fino alla noia. Meglio dire «Ok, non posso farci niente»: badate bene, non è un'affermazione di resa, al contrario spalanca le porte a mille sorprese e soluzioni, invece di ingabbiarci in una deprimente realtà senza scampo. Quando accettiamo di essere come siamo, allora sì che il cervello ci porta sulle soluzioni.

Nessuno migliora perché se lo impone, migliora solo quando accetta la realtà come è. Da questo atteggiamento nasce lo spirito creativo che fa rinascere. Pensiamo, per esempio, a cosa succede a chi si abbandona al vittimismo. Ci avete mai fatto caso? Entra in un circolo vizioso che finisce per attirargli proprio le angherie o le sfortune di cui si lamenta.

Addossare la colpa di una situazione negativa soltanto a dei fattori esterni non è mai proficuo. Mai dire, per esempio, «Ingrasso perché ho il metabolismo lento»: è una scusa dietro alla quale ci nascondiamo per mangiare di più. Non dobbiamo giustificarci: se vogliamo mangiare facciamolo, ma con piena consapevolezza. Imparare a essere sinceri con noi stessi è il primo passo per far scendere l'ago della bilancia.

Le frasi da evitare

Dire o anche solo pensare frasi come queste prepara il terreno all'insuccesso; eliminarle è il primo e più importante intervento dietetico che dobbiamo compiere.

- «È inutile che mi metta a dieta, tanto non ce la farò ad arrivare fino in fondo.»
- «Che senso ha continuare la dieta, se poi riprenderò i chili persi?»
- «Se sgarro pazienza, tanto dopo ricomincio.»
- «Durante la settimana riesco a contenermi, ma nel weekend so già che crollerò.»

La paura di dimagrire

All'origine del fallimento della maggior parte delle diete c'è anche un'altra ragione particolare, spesso trascurata, ma molto subdola e difficile da sconfiggere: la paura di dimagrire. Esiste anche nelle persone che non lo ammetterebbero mai, e colpisce per lo più le donne. Consiste nel timore di vedere il corpo che si trasforma, di incontrare un'identità nuova. È l'incredibile, inconscia paura di tornare belli e attraenti... Proprio così: il 24 per cento di chi non ce la fa a iniziare o a portare a termine una dieta teme, più o meno consapevolmente, il momento in cui si vedrà magro, ha paura di come potranno modificarsi i suoi rapporti con gli altri e in particolare è spaventato da quello che potrà succedergli sul fronte sessuale.

Per queste persone – e non sono poche – il grasso è un alleato, le aiuta a stare lontane da un modello attraente e seducente che temono. Hanno paura di diventare più belle, non vogliono correre il "rischio" di piacere. Perciò preferiscono tenere il loro fascino sepolto sotto i chili in eccesso. Non solo. Si sono ormai identificate nel personaggio pacioso, morbido e rassicurante. E quando dicono «Oddio come sono ingrassata, devo assolutamente mettermi a dieta», lo fanno perché gli altri le sentano, ma non ne sono assolutamente convinte.

Così fallisci

- *«Devo dimagrire a tutti i costi.»*
  Affrontare il problema del peso con questo pensiero significa vivere le restrizioni alimentari come una punizione per gli eccessi che ci siamo concessi finora. Stare a dieta colpevolizzandosi è difficilissimo, se non impossibile.

- *«Voglio essere come una star.»*
  Cominciare una dieta per raggiungere un modello (che sia una star o l'amica dalla linea perfetta poco importa) è già partire con il piede sbagliato. L'obiettivo deve essere ritrovare la nostra forma, non la forma di un altro!

- *«Lo faccio perché lui (o lei) mi vuole in linea.»*
  La molla che spinge a perdere peso deve scattare solo ed esclusivamente dentro di noi. Non può essere il partner a imporci un cambiamento se noi non lo desideriamo realmente. Altrimenti, al primo litigio, scatterà la ribellione: «Se mi vuoi, devi prendermi cosi come sono!».

Così ce la fai

- *«Faccio la dieta per me stesso.»*
  A decretare il successo di una dieta è la spontaneità con cui la si decide. L'impegno a mangiare meno deve essere un progetto per rinnovare se stessi, non solo da un punto di vista fisico, ma anche mentale.

- *«Ogni tanto mi concedo una gratificazione.»*
  A ogni chilo perso è buona abitudine farsi un regalo. Non importa che sia un oggetto costoso, basta una piccola cosa che abbia un valore simbolico: è un modo con cui testimoniamo a noi stessi la voglia di gratificarci con un mezzo diverso dal cibo.

- *«Voglio divertirmi adesso.»*
  È facile, quando si ha in mente di dimagrire, rimandare il divertimento a dopo: «Tornerò in discoteca quando rientrerò nei jeans». Sbagliato. È proprio mentre si cerca di perdere peso che è utile stare con gli amici e divertirsi. Fare cose piacevoli mette in circolo le emozioni che erano rimaste "congelate" nel grasso superfluo.

Una pillola per dimagrire

Avete commesso un peccato di gola? Pazienza. Non rimproveratevi, liberatevi dal senso di colpa. Se imparate a perdonarvi, la prossima volta resistere a una tentazione golosa sarà più facile.

Una nuova filosofia di vita

È tra le pieghe più recondite della nostra impostazione di vita che si nasconde un nemico temibile, che influisce su tutti gli ambiti della nostra esistenza: l'insoddisfazione. Se non fossimo perennemente insoddisfatti (o mai soddisfatti fino in fondo) non avremmo bisogno di fuggire da noi stessi e non attribuiremmo al cibo il potere di saziare lo spirito, potere che in effetti non ha. Non caricheremmo il momento del pasto (o del fuoripasto) di valenze psicologiche di varia natura. Non avremmo bisogno di riempire lo stomaco per sentire riempita la vita.

Se vogliamo acquisire un rapporto più equilibrato con quello che mangiamo – ed è questo il primo passo per conquistare davvero il peso forma e poi per mantenerlo – non possiamo prescindere da un discorso filosofico che investe tutto il nostro modo di impostare l'esistenza.

Finora abbiamo visto quali disagi emotivi fanno scattare la molla del cibo come compensazione e quindi ci portano dritti al sovrappeso; abbiamo visto che ci sono situazioni e fasi della vita in cui questa molla scatta più violenta e inesorabile; abbiamo scoperto che l'errore è usare il cibo non esclusivamente per quello che è – ovvero un nutrimento per il corpo – ma anche come una medicina per l'anima. Ma non siamo ancora scesi al cuore del problema, il vero nodo da sciogliere, ovvero il nostro atteggiamento verso la vita.

Dicevamo che in momenti di svolta non solo duri (come una separazione, un licenziamento dal lavoro, un lutto), ma anche positivi (come la laurea, un nuovo impiego, il matrimonio, la nascita di un figlio) è più facile ritrovarsi a mangiare in eccesso. Ed ecco il punto: perché passare attraverso le normali tappe dell'esistenza deve farci cadere in fasi di sconforto, di smarrimento, momenti in cui ci sentiamo perduti e svuotati di senso?

La nostra società ci inculca, fin da piccoli, l'idea che valiamo per quello che raggiungiamo; ci propone e propina modelli di comportamento basati sulla realizzazione di certi obiettivi predefiniti, e noi tendiamo a farli nostri, spesso senza nemmeno valutare se e quanto siano in sintonia con il nostro modo di essere. Così viviamo come una freccia scagliata dall'arco e tesa nel viaggio verso il suo bersaglio, una freccia che realizza se stessa non tanto nel volo quanto nel conficcarsi là dove è destinata. Noi non siamo quello che siamo, ma siamo quello che dobbiamo raggiungere.

Questo sbilanciamento verso il futuro, questo identificarci totalmente con l'obiettivo da centrare significa, in realtà, non vivere, perdere la consapevolezza stessa di essere vivi, trascinarsi in funzione di un momento che deve ancora arrivare (e non è nemmeno detto che arrivi). Quando la freccia colpisce il bersaglio, però, la soddisfazione dura poco. La natura della freccia, come quella di molti di noi, si realizza solo nella corsa a una nuova meta. Ecco perché quando abbiamo ottenuto qualcosa a cui tenevamo, la soddisfazione è solo uno dei sentimenti che proviamo. L'altro è un senso di vuoto: "E adesso verso quale bersaglio posso incamminarmi?".

Concentrarsi sul presente

Basta cercare bersagli, basta rincorrere mete, basta immaginare la felicità nel futuro, perché il futuro non esiste. Tutto quello che può renderci felici, soddisfatti, sazi, è qui adesso.

Dobbiamo imparare a concentrarci su quello che abbiamo, non su quello che vorremmo. Se state pensando che questo sia un invito a rinunciare agli obiettivi e ai desideri, vi sbagliate. No, non vogliamo affatto tornare alla vecchia filosofia moralistica dell'accontentarsi.

La proposta è un'altra e possiamo riassumerla così: vogliamo "riorientare" il nostro sguardo interiore, concentrarlo non più su quello che ci manca ma su quello che già abbiamo raggiunto. E in particolare volgere questo sguardo all'interno di noi e non al di fuori. È un po' come se di una casa iniziassimo a osservare gli arredi, anziché buttare sempre l'occhio fuori dalla finestra per cercare qualcosa che dentro non c'è. Guardare dentro la casa vuol dire scoprire quello che di bello già contiene.

Questa operazione mentale mette in moto un meccanismo creativo e positivo. Automaticamente i desideri e gli obiettivi a cui tendiamo diventano più facili da realizzare, perché non ci stiamo concentrando in modo ossessivo su di essi. Appena ritroviamo la semplice consapevolezza di essere vivi e di avere tutto, si realizzano anche gli altri desideri.

A questo punto l'insoddisfazione e la frustrazione caleranno, lasciandoci più appagati. Meno bisognosi di stampelle psicologiche dagli effetti collaterali pesanti, come il cibo.

Una pillola per dimagrire

La mente, quando si sente libera, quando vive nel presente senza tendere a obiettivi futuri, trova la forza per rompere gli automatismi e per realizzare se stessa. Allora anche il corpo ne trae beneficio, perché non sente più il bisogno urgente di rimpinzarsi di cibo superfluo.

Le strade che portano al peso forma

La fame nasce dalla mente, come abbiamo cercato di spiegare. E, benché molti di noi continuino ad arrendersi con fatica a questa verità, essa trova una convalida, nonché una spiegazione, addirittura nella neurofisiologia del nostro cervello.

Tra le aree frontali e quelle ipotalamiche si trova una zona detta Nucleo Accumbens. Questa porzione cerebrale ha un compito specifico: inviare il più possibile al corpo delle sensazioni di piacere, il che, detto in termini scientifici, consiste nel mantenere costante nell'organismo il livello di dopamina, una sostanza che ci fa percepire il senso di benessere.

Ma cosa accade se il nostro cervello non riceve una quantità sufficiente di stimoli piacevoli, che vanno dall'appagamento sessuale a quello affettivo, fino alle esperienze creative? Il Nucleo Accumbens, pur di svolgere la sua funzione, ci spinge a mangiare oltre misura per sostituire il piacere del cibo ai piaceri di cui siamo a corto. Tutto questo è possibile anche grazie al fatto che, nel cervello, i centri della fame e della sazietà sono situati nella stessa zona che governa i meccanismi emotivi: ecco perché il nutrimento alimentare e quello affettivo possono facilmente scambiarsi i compiti, sostituendosi l'uno all'altro.

Dunque la neurofisiologia ci spiega quello che, intuitivamente, tutti sappiamo: il cibo produce un piacere sostitutivo. Mangiamo per compensare l'insoddisfazione sessuale, il bisogno non corrisposto di tenerezza, un fallimento professionale, un litigio che ci ha lasciato l'amaro in bocca... Mangiamo troppo quando la nostra vita ha perso gusto, quando abbiamo smarrito o lasciato le cose che ci procuravano piacere.

Il discorso ormai è chiaro. Ma lo abbiamo letto solo dal lato negativo, abbiamo descritto finora il bicchiere mezzo vuoto. Naturalmente, c'è anche quello mezzo pieno, che è la nostra forza, il nostro punto di partenza, e lo possiamo riassumere così: recuperando la dimensione del piacere, reintroducendo nella nostra vita varie forme di appagamento, smetteremo di abbuffarci senza misura e ritroveremo con semplicità e naturalezza il peso forma. Non è una formula magica, ma una strada da imboccare. Una strada assolutamente praticabile, alla portata di tutti.

Alla ricerca del piacere perduto

Mentre per il neonato la sede del piacere è esclusivamente la bocca, dalla quale riceve il nutrimento e con esso l'appagamento affettivo, con il passare degli anni si moltiplicano le zone fisiche e psichiche dalle quali possiamo ricavare soddisfazione e godimento, dunque si moltiplicano i piaceri stessi. Ve ne sono di molti tipi diversi, ma possiamo raggrupparli in due grandi categorie: quelli della superficie e quelli del profondo.

Ai piaceri superficiali appartengono gli oggetti, le cose che amiamo possedere per rendere più allegra la nostra esistenza. Sono, però, piaceri "a tempo" la cui carica gratificante si esaurisce piuttosto in fretta. Anche il gioiello più prezioso, l'auto più potente, l'abito firmato indossati, portati, usati quotidianamente vedono sfumare via via il loro potere appagante; l'uso, l'abitudine li svuotano di senso e li alienano della nostra affezione. Se ci affidiamo esclusivamente a questo genere di piaceri, è inesorabile che arrivi un momento in cui il nostro insaziabile Nucleo Accumbens tornerà a reclamare nuovi appagamenti e quindi a spingerci verso la facile compensazione del cibo.

Ma esistono altri piaceri capaci di saziarci più a lungo, perché nutrono una parte più profonda di noi. Quando, per esempio, stiamo facendo qualcosa che ci fa sentire nel posto giusto al momento giusto, quando ci sentiamo in sintonia con il nostro lavoro o quando realizziamo un desiderio forte e legato più all'interiorità che all'esteriorità; oppure mentre leggiamo un libro che ci insegna qualcosa di veramente importante e ci sentiamo pervadere da una strana eccitazione nello sfogliare avidamente pagina dopo pagina; o ancora quando, calati in un paesaggio stupendo, immersi nella natura, siamo commossi dalla bellezza, rapiti in uno stato di totale e gratuito benessere; e infine quando costruiamo, creiamo qualcosa e sentiamo che le mani e il corpo non rispondono più agli ordini razionali del nostro cervello, ma a impulsi che vengono da una parte sconosciuta eppure presente in noi... In questi momenti sperimentiamo il piacere profondo. Appagante e duraturo, perché riempie con la sua intensa eco le pieghe più intime del nostro essere e della nostra memoria.

Se la vita è costellata di piaceri profondi, ci resta ben poco desiderio di altri appagamenti. Non avremo più alcun bisogno di svuotare un frigorifero. Non ci verrà nemmeno in mente, proprio come – facciamoci caso – non ci viene in mente quando siamo occupati in attività stimolanti e coinvolgenti. Un'esperienza la conosciamo tutti: presi da una divertente passeggiata, da un hobby che ci appassiona, da una calda chiacchierata con gli amici, sappiamo persino dimenticarci dello stimolo della fame e riusciamo a saltare il pasto senza nemmeno percepirlo come un sacrificio.

Eros e gioco: i segreti della linea perfetta

Il 74 per cento delle persone che partecipano ai corsi di Dieta psicosomatica dell'Istituto Riza riconquista il peso forma quando ritrova il gusto della vita, la voglia di divertirsi, di giocare e ancora di più il desiderio erotico. Il piacere per eccellenza, capace più di tutti di soddisfare il Nucleo Accumbens e di fargli produrre la dopamina (che, come abbiamo visto, ci dà la sensazione di benessere), è quello sessuale. Solo il cibo è in grado di offrire un appagamento altrettanto forte. Ecco perché spesso eros e cibo si scambiano pur di mantenere alto e stabile il livello di dopamina.

Secondo il neurofisiologo americano William Frey, il piacere, soprattutto l'eros, è così importante per il dimagrimento che occorre darselo a tutti i costi, magari anche con la masturbazione – purché non sia vissuta con sensi di colpa. Carezze, massaggi sono appagamenti altrettanto preziosi, da cercare non come la concessione di un capriccio, ma come un modo naturale e giusto di star bene.

Guai a dire: «A me non interessa il piacere fisico perché sono una persona spirituale». Così si rischia di sicuro il sovrappeso. Non solo, si rischia anche la malattia. Una recente ricerca ha messo in luce che le persone che lasciano spazio nella loro vita al piacere si ammalano meno e riescono più facilmente a stare in forma. Sempre secondo questa ricerca, coloro che, invece, danno molta importanza al senso del dovere, che si criticano, non solo sono più predisposti alla depressione e alle malattie psicosomatiche, ma ingrassano a vista d'occhio.

«*Il grasso è amore andato a male*» dice Alan Watts, autore di *La via dello zen* (Feltrinelli): il piacere che non abbiamo vissuto diventa obesità. Quasi sempre, chi ingrassa, un po' tende a svalutare la dimensione sessuale o a viverla con sensi di colpa. Claudia, 40 anni, mi dice: «Una volta a letto mi scatenavo, ora penso di più al lavoro, alla famiglia. Ho messo la testa a posto, e sono contenta così». Sì, ma fino a quando? Rinunciare scientemente al piacere è un errore. E se in una certa fase della propria esistenza non si ha particolare interesse per l'eros, è comunque indispensabile cercare delle alternative valide. Piacere vuol dire anche essere innamorati della vita, essere creativi, avere interessi, giocare. E saper ridere.

Ridi che smaltisci

L'idea può sembrare poco seria. E invece funziona, eccome. Ridere di gusto, ritrovare occasioni di allegria è un potente mezzo per dimagrire. La risata è, dal punto di vista psicologico, come una scossa che aiuta la mente a buttare via i pensieri negativi, anche quelli che – come abbiamo dimostrato – ci fanno tuffare nel frigorifero qualche volta di troppo.

Ma non è tutto qui. Da un punto di vista neurofisiologico, la risata fa liberare al cervello le endorfine, ormoni dal duplice effetto: innalzano la soglia del dolore, rendendolo più sopportabile, e trasmettono al sistema nervoso una sensazione di benessere e di appagamento. Si è contenti, "ci si basta", non si avverte la necessità di ricorrere al cibo-consolazione.

La risata ha anche un altro potere, forse il più grande. È capace di staccarci dai nostri modi di essere abituali, da ciò in cui siamo identificati e di portare in superficie i nostri istinti primari, risvegliando la voglia di trasgressione che spesso reprimiamo. Rompe i nostri schemi, rompe la noia, rompe tutte quelle consuetudini cristallizzate che ci rendono spenti e insoddisfatti e che sono causa delle abbuffate compensatorie.

Sazi sì, ma non pieni

Recuperare il piacere, entrare in una dimensione di vita che comprenda come irrinunciabili il divertimento, il gioco, l'allegria e il sesso. Fin qui tutto bene. A questo punto il passo successivo consiste nell'elaborare un nuovo concetto di sazietà.

Oggi la sazietà viene troppo facilmente identificata con la pancia piena. Si confonde l'essere sazi con l'essere saturi, con il raggiungere la distensione della parete dello stomaco. Ciò che dovremmo cercare, invece, è una sazietà legata più all'appagamento del gusto e degli altri sensi che alla quantità di cibo ingerito. La strada per arrivare a questo obiettivo è tutta mentale.

Dobbiamo diventare consapevoli del fatto che noi godiamo del cibo non solo con le papille gustative, ma anche con gli altri organi di senso: la vista, l'olfatto, il tatto. Non è piacevole trovarsi davanti un piatto guarnito con finezza? Il profumo che sprigiona il pane in forno, quello della carne alla brace, l'aroma dolce di una torta mentre cuoce, l'odore di una pizza fumante non sono di per sé nutrimento? E non è forse gustoso spolpare una coscia di pollo arrosto con le mani o impiastricciarsi le dita succhiando un gamberone alla griglia? Se ogni giorno, quando ci sediamo a tavola, impariamo a curare di più l'appagamento di tutti i sensi, distoglieremo l'attenzione dal bisogno frenetico di riempirci lo stomaco, mangeremo in modo più piacevole e riusciremo a ritenerci soddisfatti di minori quantità di cibo. Naturalmente non basta dirselo per riuscirci. Ma ci sono molti esercizi che aiutano a rieducarsi in questa direzione (alcuni sono riportati più avanti: vedi pp. 101 sgg.).

Una pillola per dimagrire

Vivere con gusto, fare il più possibile le cose che ci appassionano, essere creativi: ecco tre regole d'oro per ritrovare la linea.

I problemi e le soluzioni

Sono tante le storie di persone che hanno combattuto contro il sovrappeso e hanno vinto. Ognuna è unica, diversa dalle altre. Ma in ogni storia c'è anche un pezzetto della nostra. Rapporti famigliari complicati, vicende di coppia problematiche, paura di cambiare, insoddisfazione profonda sono il comune denominatore di buona parte dei nostri chili di troppo.

Qui vi raccontiamo nove storie di persone che ce l'hanno fatta, tratte dai casi raccolti e curati dalla rivista «Dimagrire» attraverso le lettere e le chiamate al call center. Sono uno specchio dei nostri disagi, un metro con cui confrontarci e una finestra su un domani possibile e felice.

«*Ho smesso di essere una mamma-chioccia*»

Emma è una donna di 44 anni, bella ma poco curata e in sovrappeso. Ha una figlia di 7 anni a cui deve dedicare attenzioni particolari, perché è affetta da una malattia congenita. Per lei è dura, a volte si sente triste, soprattutto perché i suoi genitori vivono lontano.

Spesso Emma si mette a dieta e dimagrisce abbastanza facilmente, ma poi riprende subito peso. Il problema è che quando raggiunge i primi risultati, invece di essere felice, sente che le manca qualcosa, come se i chili in eccesso fossero una parte di lei di cui non può fare a meno. «È come se avessi bisogno di quella zavorra» spiega Emma. E a poco a poco riesce a riflettere sul significato di quel peso: «Effettivamente sono una mamma-chioccia» ammette. Della sua vita al di là della famiglia, di lei come donna, come moglie, come lavoratrice Emma non parla.

Il consiglio che le diamo è di prendersi più cura di sé, ma non solo attraverso la dieta. Le suggeriamo di ritagliarsi del tempo da dedicare alle cose che la fanno stare bene e soprattutto di riscoprire la sua femminilità. La strategia funziona, perché Emma, piano piano, riesce ad abbandonare la maschera quotidiana di mamma-chioccia e a ritrovare anche gli altri aspetti di se stessa. Nonché la sua linea.

«*Ho tirato fuori la mia grinta*»

Lucio ha 48 anni, è responsabile delle vendite di un'industria tessile e attraversa una grossa crisi con i colleghi di lavoro. Racconta: «Non sono mai riuscito a dire la mia con nessuno, subisco in silenzio, ma poi mi sfogo nel cibo. In un anno e mezzo ho messo su dieci chili».

Le persone troppo remissive e disponibili corrono spesso il rischio di diventare un capro espiatorio nell'ambiente in cui vivono o lavorano. Ma nel caso di Lucio c'è anche di più. Parlando con un amico psicologo, comprende che il grasso in eccesso è per lui anche una protezione contro le angherie del mondo.

«Ho capito che era tempo di smetterla di fare lo struzzo e di reagire con coraggio» racconta Lucio che, con l'aiuto di una psicoterapia breve, è riuscito a trovare un nuovo modo di imporsi sul lavoro e a far capire che il ruolo di "punching-ball" a cui lo avevano sempre costretto non gli apparteneva più. Il problema del peso si è risolto di conseguenza, senza eccessivo sforzo.

«*Ho capito che non dovevo fare la vittima*»

Viola è una casalinga di 49 anni in lotta con il grasso. Anzi, non proprio in lotta... «La mia specialità, nei confronti del mio corpo sformato, era il lamento» racconta con una buona dose di consapevolezza e autoironia. «Prima la colpa era del metabolismo, poi di mio marito che non mi guardava, oppure dell'infanzia povera che mi ha lasciato una fame atavica. Ero diventata una vera esperta di scuse, ne trovavo mille sempre nuove. E ci credevo pure.» Viola ha iniziato tante diete, ma nessuna funzionava e ora confessa: «In realtà non avevo intenzione di portarne a termine nessuna».

Le cose sono cambiate quando le è stato spiegato che il sovrappeso nasce nel cervello di chi continua a compiangersi. E lei ha provato a cambiare, a smettere di fare la vittima. La sua reazione aveva imboccato la direzione più corretta. Infatti Viola ha iniziato a perdere peso.

La scontentezza è una forma di energia che possiamo decidere di orientare negativamente, trasformandola in lamento e vittimismo, oppure positivamente, facendone una spinta propositiva. Viola ci è riuscita.

«*Ho detto basta a un amore sbagliato*»

«La nostra storia era agonizzante, non ci capivamo più» racconta Gloria, 28 anni, a proposito del suo fidanzamento. «A questo, poi, si era aggiunto il fatto che io ero ingrassata terribilmente e avevo vergogna di essere toccata, per colpa della ciccia che mi ricopriva il corpo.» Gloria si era convinta che la crisi con il fidanzato dipendesse dal suo peso, si sentiva in colpa e innescava un circolo vizioso che le impediva di dimagrire.

A un certo punto, decisa a sbloccare la situazione, Gloria, che non ha mai fatto una dieta in vita sua, va da un dietologo e inizia un regime alimentare controllato che, mese dopo mese, le fa perdere peso. D'estate non è ancora perfettamente in forma, ma quando va in vacanza con il fidanzato può già permettersi degli abitini che qualche tempo prima non si sarebbe nemmeno sognata. Però in ferie la crisi divampa: la coppia litiga in continuazione e in due settimane Gloria riprende due chili.

«Al rientro ho deciso di chiudere con il mio ragazzo, che mi costringeva a un rapporto statico e pesante» racconta. «All'inizio è stata dura, ma trovarmi a contatto con me stessa mi ha fatto vedere tutto in modo diverso e il mio corpo ha ripreso la strada verso il peso forma in modo naturale.»

La storia di Gloria è molto significativa. Il nostro organismo ha la capacità di tradurre in sovrappeso i pensieri, i rapporti, le preoccupazioni che percepiamo come troppo pesanti. Se riusciamo a sbarazzarcene, anche il corpo si sentirà più leggero, come sollevato da una corazza che spegne la vitalità.

«Mi sono liberata di un ruolo non mio»

Tiziana, 23 anni, è una studentessa universitaria figlia unica che vive con i genitori, ma non ha con loro un buon rapporto. Madre e padre la criticano in continuazione e non le hanno mai consentito di esprimere le sue attitudini, a cominciare dalla scelta del liceo scientifico, che le hanno imposto, mentre lei avrebbe preferito il classico. La continua frustrazione delle sue aspirazioni e dei suoi interessi porta Tiziana a sfogarsi con il cibo. Mangia senza sosta: «Solo facendo indigestione di cibo e di studio riesco a prendere le distanze dai miei genitori e a sfuggire al loro controllo» confessa.

Poi, mentre sta seguendo una psicoterapia, una notte Tiziana sogna un serpente che cambia pelle. Avendo individuato nel serpente, silenzioso e mimetizzato nell'ambiente, se stessa, Tiziana capisce che questa mutazione simbolica vuole rappresentare ciò che dovrebbe avvenire in lei: una trasformazione e – perché no? – una ribellione.

Decide che è ora di cambiare. Nonostante le resistenze dei suoi parenti, trova un lavoro part-time e va a vivere con un'amica, spezzando le catene famigliari che la tenevano legata. Basta questo cambiamento a riportarla a un rapporto sano con il cibo e a farle perdere il peso in eccesso. Il ruolo in cui Tiziana era costretta non le calzava. Ognuno di noi ha il dovere di sbarazzarsi dei modelli imposti dalla famiglia o dagli amici, se questi non gli permettono di realizzare la sua vera natura.

«Ho trovato la forza dentro di me»

«Tutti mi dicevano: "Ci piaci così, un po' rotonda, ma simpatica!". Io però ero stanca di vedermi con quei chili addosso e, nonostante nessuno mi incoraggiasse a perderli, ho deciso che era giunto il momento.» Vanda, 45 anni, ha grinta da vendere. Non vuole più essere come è, anche a costo di piacere meno agli amici, affezionati a quella sua aria morbida e paciosa. «Ho deciso di iniziare un regime alimentare sano. E non l'ho deciso, come tutte le altre volte, il lunedì mattina; no, era venerdì sera ed ero a una festa di compleanno.»

Vanda ce l'ha fatta perché si è buttata in questa avventura con la giusta leggerezza: è andata dal parrucchiere, si è comprata qualcosa di bello e ha eliminato i cibi grassi ma non i dolci (se ne è sempre concessa uno alla settimana e senza sensi di colpa). «Non ho detto a nessuno che ero a dieta, quando uscivo a cena assaggiavo tutto ma in piccolissime quantità e la gente non se ne accorgeva.»

Quando da 90 chili è arrivata a 60, Vanda ha festeggiato con pasticcini e spumante! «Ora» dice «ho smesso di controllarmi, ma i chili non li rimetto su perché ho cambiato il mio stile di vita, non solo il mio peso.» Dal momento in cui Vanda ha deciso di non piacersi più com'era, è scattata in lei una molla che ha liberato delle energie "snellenti". La sua storia è a lieto fine perché la voglia di dimagrire è partita da dentro. E non c'è premessa migliore per ritrovare il peso forma.

«Ho scoperto un nuovo interesse»

Gioia, a dispetto del suo nome, sente di non poter essere felice. A soli 40 anni le sembra di essere giunta al capolinea: i figli sono grandi, il lavoro è sempre uguale, il marito distratto e noioso. Come spesso accade, la mancanza di gaiezza si trasforma in fame, specie notturna, e i chili si accumulano inesorabili.

Qualcuno le consiglia di provare a rinnovare l'ambiente in cui vive e lei, un po' per gioco, un po' per curiosità, decide di provarci: cambia il vecchio salotto, rinnova la tappezzeria in camera da letto, compra qualche nuovo soprammobile e, quasi senza accorgersi, smette di abbuffarsi di notte. Naturalmente perde peso. «Sto decisamente dimagrendo e anche mio marito inizia ad apprezzare il mio cambiamento» racconta. «Ma la cosa più bella è la passione per l'arredamento che ho appena scoperto e che vorrei addirittura trasformare in un'attività.»

Gioia, rinnovando la sua casa, è riuscita a spostare la propria attenzione e il proprio centro di interesse su qualcosa di nuovo, di esterno a sé e di vitale. Questo le ha fatto implicitamente capire che non era affatto arrivata al capolinea, come credeva. Ma che poteva esplorare nuove attività interessanti e ritrovare qualcosa da cui ripartire. Ed è bastato a rendere inutili le abbuffate compensatorie che la facevano ingrassare.

«Una frase brusca mi ha aperto gli occhi»

Giovanni, un bancario di 44 anni, viene lasciato dalla moglie dopo vent'anni di matrimonio. Dopo la separazione entra in una crisi profonda: non frequenta più i vecchi amici, non esce quasi mai e si rinchiude in se stesso. Da qualche tempo ha una nuova compagna, ma nemmeno questa relazione sembra svegliarlo dal suo torpore. Il vuoto interiore appare incolmabile, tranne che dal cibo che, come spesso accade, sembra il miglior anestetico contro il male di vivere. Così, tutte le sere, Giovanni si sfoga sul frigorifero per riempire il senso di vuoto che lo attanaglia.

In breve arriva a pesare più di 90 chili. È sempre più disperato e teme di perdere anche l'amore della nuova compagna. Un giorno incontra per caso la sorella della ex moglie, che lo aggredisce: «Certo voi uomini separati vi lasciate proprio andare!». Giovanni ci rimane malissimo, ma capisce che l'ex cognata ha ragione.

L'abbandono da parte della moglie aveva fatto crollare una realtà data per scontata, e la paura di trovarsi solo ad affrontare la vita aveva reso Giovanni insicuro e remissivo; il cibo sostituiva il suo bisogno di rassicurazione. «Quella frase brusca è stata come una scossa. Ho ripreso in mano le redini della mia esistenza e ho smesso di vuotare il frigorifero: era lui che divorava la mia vita!»

«Ho ritrovato il mio lato tenero»

Nicola, 35 anni, è il primogenito di un ammiraglio della Marina e di una preside di liceo, genitori severi che hanno riversato su di lui grandi speranze.

Fin da piccolo è stato allevato per emergere· le scuole più selettive, le amicizie "giuste". Nicola è sempre stato grassottello, ma i genitori gli dicevano che l'aspetto non conta, quello che conta è avere successo nella vita e per ottenerlo bisogna sacrificarsi ed essere duri. E Nicola diventava duro... e sempre più grasso. Il cibo era l'unica trasgressione ammessa: niente ragazze, poche amicizie, distrazioni bandite.

Passano gli anni e il ragazzo si laurea e va a lavorare in banca. Il suo carattere spigoloso lo porta a frequenti scontri con i colleghi, tanto che Nicola diventa lo zimbello dell'ufficio, il "musone ciccione". Ma soprattutto non fa carriera e la frustrazione lo porta a stramangiare.

La situazione sembra senza speranza, finché non viene assunto Ugo, un giovane collega affabile che, a differenza degli altri, si affeziona a Nicola. Diventano amici. E questa amicizia trasforma Nicola, che prende a modello il buon carattere di Ugo; rassicurato dalla sua presenza e dalla sua disponibilità, si scioglie diventando meno scontroso e più aperto. Finalmente Nicola capisce che la durezza che gli è stata insegnata serve solo a regalargli amarezze e chili di troppo. Non appena lascia affiorare l'uomo tenero che è in lui, la promozione tanto ricercata arriva senza fatica. E il peso piano piano inizia a calare.

Una pillola per dimagrire

Solo chi si ribella alle situazioni che gli stanno strette riesce a ritrovare la forma perduta. Arrabbiarsi è il primo passo per iniziare a dimagrire.

IL TEST

Che cosa ti spinge ad abbuffarti?

Abbiamo visto che il cibo diventa facilmente un tappabuchi, un sostitutivo di altri piaceri, l'oggetto con cui soddisfare desideri repressi o su cui sfogare frustrazioni, ansie, insicurezze. Questo meccanismo di compensazione diventa tanto più forte quanto più, nella nostra vita, abbiamo perso il piacere.

Ma siamo sicuri di riuscire a calare questo discorso nella nostra storia? Di saper capire che cosa non va, che cosa ci spinge a mangiare in eccesso? Cos'è che, per ciascuno di noi, fa scattare la molla dell'abbuffarsi? Questo test indaga la nostra personalità per venirci in aiuto con un profilo pratico, da cui prendere spunto per una seria riflessione su noi stessi. E da qui ripartire alla ricerca del peso perduto.

Hai accettato un appuntamento a sorpresa che si rivela deludente. Come reagisci?

■ Lo rifaresti comunque ❑
▼ Sei seccato per la perdita di tempo ❑
● Pensi che ti stia bene: sei stato ingenuo ❑

Tra queste attività quale ti piacerebbe svolgere nel tempo libero?

● Danza latino-americana ❑
▼ Arti marziali ❑
■ Volontariato ❑

In quale luogo insolito ti piacerebbe fare l'amore?

■ Sotto la doccia ❑
▼ In ufficio ❑
● Su un aereo ❑

Dopo un lungo fidanzamento il tuo partner improvvisamente ti lascia. Tu cosa fai?

▼ Non accetti e lo tempesti di telefonate ❑
● Fai di tutto per nascondere il tuo dolore ❑
■ Ti senti perso o in preda a pensieri neri ❑

A quale di questi cibi non sai resistere?

● Alle patatine fritte e ai salumi ❑
■ Alle lasagne ❑
▼ Al torrone ❑

Al lavoro il capo ti fa una sfuriata senza motivo. Tu come ti comporti?

▼ Monti su tutte le furie ❑
■ Ti senti deluso e non considerato ❑
● Incassi, ma alla prima occasione ti prendi due giorni di malattia ❑

Il partner si è dimenticato del tuo compleanno. Come reagisci?

● Ti compri dei dolci e li mangi da solo ❑
▼ Glielo ricordi con una frecciatina ❑
■ Non dici nulla ma ci rimani molto male ❑

In quale di queste occasioni ti sentiresti più a disagio?

▼ Un weekend da solo ❑
● Una festa in maschera ❑
■ Lontano da casa ❑

Qual è il tuo sogno proibito?

▼ Diventare il superiore del tuo capo ❑
● Essere bello e affascinante ❑
■ Essere ricco e poter soddisfare qualsiasi desiderio ❑

MAGGIORANZA DI ▼

Ti abbuffi per non soffrire

Rabbia, solitudine, tristezza e frustrazione sono i motivi principali che ti spingono verso il cibo. Quando sei nervoso, mangiare più che un piacere è uno sfogo, al punto che non ti importa molto di cosa metti sotto i denti: l'importante è masticare.

Quando, invece, prevalgono la tristezza o la frustrazione, apri la dispensa in cerca di una consolazione: una soffice fetta di torta, una cioccolata calda e morbida non solo riempiono il vuoto, ma sembrano mettere a tacere il senso di insoddisfazione.

Il problema più grande, però, è che in genere non sei consapevole di cosa ti spinge a certi eccessi alimentari. La tua fame, in molti casi, non è un reale bisogno di nutrirsi né il semplice desiderio di qualcosa di buono, ma il tentativo di uscire da uno stato emotivo sgradevole.

Ogni volta che stai per infilare in bocca uno snack, prova a chiederti: «Perché lo faccio? Ho davvero fame?». Rispondendo con sincerità, avvierai un percorso di consapevolezza dei tuoi gesti.

MAGGIORANZA DI ●

Ti abbuffi per trasgredire

Calma piatta: così può definirsi la tua vita. Apparentemente tranquilla, ordinata, senza scossoni né sorprese, ma anche priva di forti coinvolgimenti emotivi, di gratificazioni, di grandi passioni. Il cibo è l'unico brivido che ti concedi, per questo vai alla ricerca di stuzzichini e manicaretti, magari da gustare di nascosto da tutti, in un momento di evasione solo tua. Peccato che, dopo, il senso di colpa ti assalga immancabilmente. Che fare, allora?

Prova a spostare il tuo bisogno di stimoli "piccanti", il tuo naturale e sacrosanto desiderio di qualche trasgressione su un piano diverso da quello del tavolo... Ci sono molte cose che possono regalarti sani brividi senza appesantirti di calorie. Scatena la fantasia, osa immaginarle. E prova a concedertele.

MAGGIORANZA DI ■

Ti abbuffi per sentirti amato

Hai finalmente raggiunto gli obiettivi che ti eri proposto, sei soddisfatto e assapori – è il caso di dirlo – la serenità e la sicurezza del successo. Il cibo per te è soprattutto un modo per esprimere e dare affetto: ti piace preparare pranzetti per le persone a cui vuoi bene e ti piace concedere anche a te stesso i piatti di cui sei più goloso. Il nutrimento per te è amore, quanto l'amore è nutrimento.

Eppure non tutto funziona alla perfezione, perché spesso carichi il cibo di un eccessivo valore affettivo. A volte lo cerchi in modo troppo vorace per non destare il sospetto che stai, in realtà, cercando qualcosa di più: forse una rassicurazione, forse un amore che non ti è stato elargito appieno quando eri piccolo.

Allora attenzione: il rischio che corri, quando non ti senti abbastanza amato o coccolato, è quello di riempirti lo stomaco senza limiti. Con un po' di consapevolezza in più, però, saprai fare i giusti distinguo tra il desiderio di una fetta di dolce e il bisogno di una carezza. E imparerai a chiedere ciò che davvero ti serve in quel momento.

Gli esercizi per la mente (che fanno bene al corpo)

Abbiamo continuato a ripetere che dimagrire è una questione di testa. Le diete, invece, si preoccupano prima di tutto di ridurre la quantità dei cibi, di stabilire dei programmi alimentari speciali, di concedere questo cibo e di negare quell'altro. Ma non prendono mai in considerazione il problema mentale. Ecco perché è così difficile, per molti impossibile, portarle a termine.

Ingrassare è il risultato di un modo malato di essere, più che di nutrirsi. Per risolvere questo aspetto centrale del problema, quindi, sono utili degli esercizi che non hanno a che fare direttamente con il cibo, ma più che altro con il nostro modo di viverlo e di affrontare il momento dei pasti.

Per trovare la dieta ideale

Se mangiassimo solo quando abbiamo realmente fame, non ingrasseremmo mai. Questa affermazione tanto logica quanto disarmante è, in realtà, un obiettivo, il nostro obiettivo. Lo possiamo raggiungere per gradi, iniziando a individuare quali sono gli alimenti su cui ci buttiamo quando abbiamo bisogno di consolazione e abituandoci a eliminarli. Questo primo passo permette di costruire una dieta ideale, quella che corrisponde al proprio reale fabbisogno alimentare.

Come si fa

- Sulla facciata sinistra di un quaderno annotate tutti gli alimenti che mangiate nel corso della giornata indicando anche l'orario in cui li avete ingeriti.

- Sulla facciata destra scrivete le sensazioni, i sentimenti, i comportamenti che hanno caratterizzato la vostra giornata (l'ideale sarebbe farlo in tempo reale, ma va bene anche la sera).
- Prima di dormire, rileggete le due pagine e provate a stabilire delle connessioni tra i cibi che avete mangiato e le emozioni che avete provato: per esempio, il sacchetto di patatine alle tre è concomitante con l'attesa di quell'importante telefonata di lavoro; il cioccolatino delle sei ha seguito di poco il battibecco avuto con vostra madre...
- Cercate di compiere questa operazione con distacco, come se foste spettatori di voi stessi, senza criticarvi. Solo così individuerete le trappole in cui siete caduti utilizzando il cibo come anestetico.
- Ora evidenziate tutti i cibi che avete preso in conseguenza di un particolare stato d'animo, ed eliminateli per un po'. Quelli che restano, che avete mangiato per reale appetito, compongono la vostra dieta ideale, il vostro fabbisogno energetico reale.

Il risultato

Ripetendo questo esercizio per un po' di giorni vi libererete senza sforzo delle cattive abitudini alimentari indotte dai condizionamenti esterni.

Per vincere gli attacchi di fame

Nei momenti in cui ci sentiamo irresistibilmente attratti dal frigorifero non è facile contrastare il desiderio di mangiare con ragionamenti razionali, perché l'impulso di cui siamo preda razionale non è. Allora la soluzione è un'altra: aggrapparsi al corpo. Letteralmente...

Come si fa

- Prima di mettere in bocca qualsiasi cosa, fermatevi un attimo e appoggiatevi le mani sui fianchi, stringendo la carne.
- Stringete per qualche istante, poi passate a toccare le altre zone floride. Concentratevi sulla sensazione di avere un corpo pieno, solido, forte.
- Indugiate per qualche secondo su questa sensazione, lasciate che vi pervada del tutto.

Il risultato

Il timore di rimanere senza cibo, tipico delle persone in sovrappeso, è la forza irrazionale che alimenta molti attacchi di fame. Questo esercizio aiuta ad allentarlo: stringere la vostra ciccia è come toccare con mano un serbatoio di benzina quando si teme di restare a secco e di non trovare un distributore aperto. Il risultato è che l'attacco di fame passa oppure lascia il posto a un blando appetito, che potete soddisfare con qualcosa di leggero, come un frutto o uno yogurt.

Per fermare le abbuffate solitarie

Uno dei vizi più pericolosi per chi è in sovrappeso è l'abbuffata solitaria. Si mangia in piedi, spesso davanti al frigorifero, trangugiando una quantità di cibo esagerata. Lo si fa da soli, al riparo dallo sguardo degli altri per consumare in fretta quella che spesso è l'unica trasgressione che ci si concede. La conseguenza immediata è che non si ha la misura di quanto si è mangiato. Un buon sistema per interrompere questo automatismo è ricorrere allo specchio.

Come si fa

- Prendete un vassoio e metteteci sopra i cibi che vi apprestate a mangiare. Non vi chiediamo di selezionarli o di limitarli, prendete tutto spontaneamente. Vogliamo solo che riuniate le cose per avere una visione reale dell'entità del vostro pasto o fuoripasto.
- Sedetevi con il vassoio davanti a uno specchio e guardatevi mentre mangiate. Lo scopo non è di autocensurarvi o di colpevolizzarvi, ma solo di osservarvi. Guardatevi mentre portate la forchetta alla bocca, mentre masticate. Ma attenzione: fatelo senza giudicarvi.

Il risultato

Lo specchio, che all'inizio vi sembrerà invadente e disturbante, pian piano diventerà meno nemico, fino a togliervi gradualmente dall'automatismo che vi spinge a mangiare con foga e a riempirvi più del dovuto. Come una sorta di terzo occhio, lo specchio vi restituirà uno sguardo lucido e obiettivo su voi stessi. Vi accorgerete così che i vostri movimenti rallenteranno, masticherete ogni boccone più a lungo e lo assaporerete con sempre maggiore attenzione. La voglia di abbuffarvi con fretta e voracità si diraderà sensibilmente, fino a lasciarvi del tutto.

Per non soffocare le emozioni nel piatto

Ci sono momenti in cui le situazioni che viviamo e le persone che abbiamo accanto ci mettono a dura prova. Una lite con il capo o con il partner, per esempio, può scatenare una rabbia travolgente, un insostenibile senso di impotenza, oppure la paura. Se non riusciamo a sopportare queste emozioni negative, finiremo in fretta davanti al frigorifero. Ma un'alternativa c'è. Provare a non cedere subito alla tentazione di sfogare la rabbia masticando, ma a compiere una mossa nuova, diversa, come "gustare" l'emozione che ci assale, senza volerla subito respingere o soffocare.

Come si fa

- Appena la rabbia, l'ansia o la paura vi spingono a mettere in bocca qualcosa, fermatevi per qualche istante e osservate il vostro stato d'animo, ascoltate le frasi che vi affiorano alla mente.
- Lasciate che, con il passare dei minuti, la violenza delle sensazioni raggiunga il suo apice e poi sfumi lentamente.

Il risultato

Se saprete aspettare che le emozioni si affievoliscano e guardare voi stessi mentre le provate, il senso di vuoto presto si ridurrà e non avrete più bisogno di rimpinzarvi.

Per imparare a sfamarsi senza mangiare

Nel profondo di ciascuno di noi c'è uno spazio occupato dall'immagine centrale di noi stessi. Al "centro" dell'obeso è collocata un'immagine distorta, quella della pesantezza, che informa di sé i comportamenti della persona, la visione di se stesso, delle cose e degli altri. Chi ha addosso molti chili di troppo percepisce della realtà solo l'aspetto più materiale e considera il cibo l'unica e più immediata risposta a ogni esigenza. Trasformare il pesante in sottile, a tutti i livelli, è l'operazione più importante da compiere.

Un antico testo indiano suggerisce questo esercizio da ripetere ogni giorno al risveglio e prima di dormire. È finalizzato a dissolvere la pesantezza in cui è calato chi è in sovrappeso.

Come si fa

- Mettetevi in un locale tranquillo, meglio se in penombra, e scegliete tra le varie essenze naturali quella che preferite. Annusatela stando in una posizione comoda e respirando profondamente.
- Lasciate che il respiro vi riempia completamente il petto e poi scenda fino alla pancia. Annusando il profumo, portate il respiro "più in alto", fino ad avere la sensazione che si crei un ponte energetico tra la vostra fronte e l'ombelico.
- Ripetete più volte l'operazione, sempre con lentezza. Vi accorgerete che il profumo sta penetrando in ogni cellula del vostro corpo; di più, il profumo è diventato corpo, mentre il corpo si è dissolto in esso.
- Rimanete immobili per qualche istante in uno stato di coscienza sempre più rarefatto.

Il risultato

Sperimenterete il dissolvimento della pesantezza in cui eravate calati, sentirete un appagamento profondo, che non deriva solo dal cibo. Dopo qualche giorno, inizierete a percepire piaceri che prima non prendevate nemmeno in considerazione, una buona lettura, una musica, una passeggiata, un profumo... E imparerete a nutrirvi e a saziarvi anche di quelli.

Per non esagerare a tavola

Quando si ha fame, ci si siede a tavola e ci si butta sul cibo in modo automatico, con slancio, come se il piatto pieno fosse una liberazione dal senso di vuoto e dall'ansia che provoca. Concentrati esclusivamente sulle pietanze, è facile non riuscire ad attenersi a porzioni equilibrate, ma esagerare con i bis. Una buona soluzione per questo tipo di problema è saziarsi prima con un esercizio di immaginazione che dura circa un minuto e va ripetuto prima di iniziare ogni pasto.

Come si fa

- Chiudete gli occhi e immaginate uno schermo nero. Visualizzate un cibo che vi piace particolarmente e lasciate che riempia il vostro schermo mentale.
- Provate a percepire l'odore di quella pietanza, la sua fragranza, il sapore... Immaginate di masticarla e di sentire il suono che produce.

- Ora concentratevi sulle sensazioni che provate in tutto il corpo attraverso tutti i sensi. L'odore, il sapore, il colore del cibo che state visualizzando vi nutrono le gambe, le braccia, i capelli...
- Quando vi sentite pervadere da un certo benessere, aprite gli occhi e iniziate a mangiare.

Il risultato

Dopo questo esercizio, vi verrà naturale gustare le pietanze più lentamente, anche perché l'appetito si è allentato lasciandovi un senso profondo di calma e di sazietà.

Per contenere la fame

Stimolando tutti i sensi è possibile ridurre la fame. Perché si sposta l'attenzione su appagamenti che non sono solo quello del gusto. L'esercizio va ripetuto prima di ogni pasto o quando l'appetito eccessivo rende impazienti e nervosi.

Come si fa

- Escludendo il gusto, scegliete il senso a cui siete più ricettivi, l'udito, l'olfatto, la vista o il tatto. Lo potete scoprire osservando quale canale percettivo tendete a privilegiare nella vita quotidiana. Per esempio, di una persona vi colpisce soprattutto la voce o l'aspetto? D'istinto un oggetto lo toccate o lo osservate?
- Una volta individuato il senso, prima di sedervi a tavola, "attivatelo" concedendovi un piacere raffinato. Se in voi prevale l'udito, come aperitivo godetevi un brano musicale che vi piace o leggete ad alta voce una poesia che vi emoziona; se prevale la vista, sfogliate una rivista o un libro d'arte; se privilegiate la tattilità, accarezzate lentamente un tessuto morbido o il pelo del vostro cane. Qualsiasi sia la vostra scelta, godetevela in piena calma e con la massima presenza a voi stessi.

Il risultato

Sedendovi a tavola, vi accorgerete che la fame si è placata. Il piacere che vi siete concessi, infatti, vi ha nutrito nel vero senso della parola, dandovi il senso di benessere necessario per mangiare senza la foga di sempre.

Per risvegliare le "energie dimagranti"

Molte persone oggi vivono una vita particolarmente routinaria, tendono a essere annoiate e sfogano la frustrazione con il cibo. Nel loro intimo si sentono come un albero che ha smesso di fiorire. E nel loro immaginario si è radicata l'idea sbagliatissima che "Tanto non c'è niente da fare, la mia vita è questa e nessuno potrà cambiarla".

Per la verità, non è affatto detto che ci sia qualcosa da cambiare nella nostra vita; possiamo benissimo lasciare tutto così com'è. Si tratta solo di fare spazio a immagini che sono già dentro di noi e che chiedono di poter affiorare. Per esempio, l'immagine dell'albero...

Come si fa

- La sera, prima di dormire, immaginate a occhi chiusi di essere come un albero e che il vostro corpo si trasformi nella pianta o nel fiore che vi piace di più.
- Ascoltate la linfa scorrere in ogni parte di voi e immaginate che il vostro albero inizi a germogliare e a fiorire.
- Ora osservatelo in tutta la sua bellezza. Date spazio a questa fantasia più volte nel corso della giornata, soprattutto quando siete assaliti dal desiderio di cibo.

Il risultato

Questo esercizio dà una sensazione di profondo benessere perché fa sentire vivi, proprio come un albero pieno di gemme. La fantasia fortifica, aiuta a capire che non si è in un angolo, ma che si ha sempre, come l'albero, la forza di rifiorire.

Per diventare più forti

Secondo la medicina cinese, ingrassiamo soprattutto per un problema energetico. Il grande medico Shia Chen sostiene che chi tende a prendere peso ha poca terra dentro di sé, ovvero ha un vuoto energetico che cerca di colmare ricorrendo appunto agli eccessi alimentari, perché l'energia che viene dai cibi è la più pesante di tutte, la più "ricca di terra".

Ma il discorso va ancora più in là. Se si osserva chi è in sovrappeso, o addirittura chi è obeso, ci si accorge che, nella maggior parte dei casi, si tratta di persone molto attive, dinamiche, che fanno un sacco di cose e danno importanza all'azione. Sono i classici tipi superimpegnati, sempre di corsa, che si dedicano più agli altri che a se stessi. E in più sono persone estremamente sensibili, che dicono di sentirsi ferite per un nonnulla, che si definiscono spirituali e romantiche.

Tutto questo sta a dire che si ingrassa riempiendosi di energia materiale (il cibo) per colmare un eccesso di energia spirituale, un eccesso di sensibilità, un eccesso di energia psichica. Ma come liberare tutta questa forza senza, però, tradurla in peso? La risposta può sembrare insolita, ma è lavorando di più, moltiplicando le proprie attività. Nel modo giusto, però.

Come si fa

- Fate questa prova. Per una settimana iniziate a selezionare gli impegni in base a un nuovo criterio: accettare solo quelli che vi interessano veramente, evitando – nei limiti del possibile – quelli che vi assumete per puro senso del dovere o per compiacere gli altri.
- Nel tempo libero cercate di inserire un hobby qualsiasi, purché sia di tipo manuale: può essere disegnare, scrivere, impastare la creta, fare giardinaggio...
- Non preoccupatevi di riposare nel senso tradizionale del termine, stendendovi a letto o sul divano; piuttosto dedicate ogni momento libero alla nuova occupazione.
- Osservate come cambiano il vostro umore e il vostro senso di soddisfazione in conseguenza di questi importanti mutamenti delle abitudini.

Il risultato

Queste strategie, che ognuno deve adattare al proprio stile di vita e alle proprie inclinazioni, aiutano a recuperare una concretezza interiore. Danno forza, ci fanno sentire meno vulnerabili e meno bisognosi di riempirci dell'"energia terrena" che proviene dal cibo.

Una guida pratica per ogni soluzione

IL PROBLEMA
Tendete a mangiare di più quando siete tristi. Usate il cibo come "ciucciotto", cioè come consolazione o come sostitutivo di un piacere che non vivete.

LA SOLUZIONE
Provate a scrivere su un foglio almeno cinque cose che vi rendono felici al di là del cibo. Iniziate a metterne in pratica una; troverete gioie alternative alla tavola, dimenticando poco per volta l'appetito.

IL PROBLEMA
Mangiate di più quando siete a casa da soli. Forse usate il cibo come alternativa a un affetto che vi manca.

LA SOLUZIONE
Create in casa un ambiente pieno di luci, di musica, di profumi, un ambiente più accogliente possibile. E cercate di invitare più spesso gli amici a mangiare: se la casa è piena, mente e stomaco sono più occupati.

IL PROBLEMA
Mangiate di più quando siete fuori casa. Probabilmente siete tipi che amano la trasgressione, siete attratti dalle situazioni non abitudinarie, dai cibi nuovi.

LA SOLUZIONE
Non vivete la casa come la tomba delle gioie alimentari (e non solo). Cercate di cucinare ogni giorno piatti diversi. La creatività è un eccellente antidoto contro la fame.

IL PROBLEMA
Tendete ad abbuffarvi di notte. È il segno che durante il giorno controllate razionalmente l'approccio con il cibo (forse troppo). Ma di notte, quando i freni inibitori crollano, è l'istinto che prevale.

LA SOLUZIONE
Non siate rigidi. Se di giorno vi viene voglia di un gelato, non negatevelo. Se sarete più teneri con voi stessi dimagrirete senza fatica.

IL PROBLEMA

Pasticciate spesso fuori pasto. Siete persone insofferenti agli schemi. Ma rischiate di sovraccaricarvi con cibi ipercalorici.

LA SOLUZIONE

Non imponetevi di mangiare a orari fissi, ma quando desiderate uno snack privilegiate frutta di stagione o pane integrale.

Una pillola per dimagrire

Essere sempre vivi e attivi è il rimedio migliore (e il più saggio) per scacciare la fame.

In pratica: cosa fare e non fare a tavola

Al di là dei nostri disagi esistenziali ed emotivi che, come abbiamo visto, trovano rifugio nel cibo facendoci accumulare chili in eccesso, resta un fatto certo: la maggioranza degli italiani non sa alimentarsi in maniera corretta. Commettiamo molti errori per superficialità, per pigrizia, ma anche per mancanza di una buona educazione alimentare. Eppure, evitando alcuni comportamenti, ci risparmieremmo molti inutili accumuli di grasso con i conseguenti problemi di salute.

Restare nel proprio peso forma è anche una questione di rispetto di alcune semplici regole. Non si tratta di una dieta che prescrive cibi da evitare o impone dosi da rispettare, ma semplicemente di un vademecum di abitudini giuste e sbagliate che costa davvero poco imparare o correggere. Quasi sempre è molto più importante come mangiamo di quanto mangiamo. È facile capirlo leggendo quanto ci costano certi peccati di ignoranza.

Gli errori che pesano

Saltare la colazione. Quanto ingrassi: + 300 g a settimana.

Il metabolismo si risveglia al mattino, a tavola, iniziando a mangiare. Nelle prime ore della giornata le calorie ingerite si consumano più facilmente, evitando accumuli di grasso. Saltare la colazione, invece, fa mangiare di più nelle ore sbagliate.

Piluccare fuori dai pasti. Quanto ingrassi: + 100 g a settimana.

Non sembra, ma quel pezzetto di pane per assaggiare il sugo, la scaglia di grana rubata dal frigorifero, il cucchiaino di cioccolata tanto per pulire la ciotola in cui abbiamo preparato la mousse, hanno un costo calorico pesante. Ogni volta sono, in media, 50 calorie in più. Chi non sa fare a meno di piluccare, tenga sempre a portata di mano un piatto di crudité non condite (carote, sedano, finocchi).

Rinunciare al pranzo o alla cena. Quanto ingrassi: + 500 g a settimana.

Saltare un pasto ci fa arrivare più affamati al successivo, nel quale è stato calcolato che si finisce per ingerire circa 500 calorie in più. Questo rallenta il metabolismo e provoca accumuli, perché le calorie introdotte sono troppe rispetto alle capacità dell'organismo di smaltirle.

Bere solo durante i pasti. Quanto ingrassi: + 200 g a pasto.

Sarà pigrizia o cattiva abitudine, fatto sta che molte persone non bevono fuori pasto. Invece è importantissimo farlo, soprattutto a digiuno: presi a stomaco vuoto, i liquidi hanno un'azione depuratrice e diuretica. Presi a tavola, invece, stimolano la fame e fanno ingerire, in media, 200 calorie in più.

Al bar prendere sempre un panino. Quanto ingrassi: + 1 kg al mese.

Anche se di per sé un panino con pomodoro e mozzarella non apporta molte calorie (circa 300), viene consumato troppo velocemente e non aiuta a raggiungere la sazietà. Il risultato è che la fame non passa e quindi si tende ad aggiungere qualcos'altro, come un gelato o un pezzo di cioccolato per tappare il buco. E il peso aumenta.

Concedersi l'aperitivo tutti i giorni. Quanto ingrassi: + 800 g al mese.

I conti sono presto fatti: 1 bicchiere di vino + 5 olive + 1 fettina di salame = 200 calorie. Oppure: 1 cocktail superalcolico + 1 quadrotto di focaccia + una manciata di patatine = 450 calorie. È chiaro che un aperitivo al giorno vanifica ogni sforzo di contenere il peso.

Mangiare davanti alla televisione. Quanto ingrassi: + 300 g a settimana.

Consumare i pasti mentre si è distratti da qualcosa, come la televisione o il computer, significa essere poco attenti a quello che si fa e mangiare molto più del dovuto. Oltre tutto senza gustare niente.

Esagerare a tavola. Quanto ingrassi: + 2 kg al mese.

Un piatto di pasta al pomodoro è un primo sano e accettabile. Ma quella forchettata in più può rovinare tutto: non ci si pensa, ma basta da sola ad aggiungere 50 calorie. A volte esageriamo con leggerezza perché non realizziamo quanto ci costi. Qualche esempio? Tre pezzetti di grana = 200 calorie; 1 cucchiaio di olio in più = 90 calorie; 1 fettina di salame = 65 calorie; 1 marron glacé = 100 calorie.

Le abitudini che fanno bene

Preparare cibi piccanti. Il vantaggio: si usano meno condimenti.

I cibi piccanti sono saporiti e non necessitano di un'eccessiva aggiunta di condimenti ipocalorici. Inoltre anticipano il senso di sazietà e quindi aiutano a non esagerare.

Dare il giusto tempo ai pasti. Il vantaggio: così si digerisce meglio.

C'è una piccola regola facile da seguire: ogni giorno dedicare ai pasti almeno 100 minuti, da distribuire a piacere tra colazione pranzo e cena. Mangiare con un po' di calma aiuta a digerire meglio e a sentirsi più sazi, premessa necessaria per evitare calorici spuntini fuori orario.

Annotare ciò che si mangia. Il vantaggio: avere sotto controllo le proprie abitudini.

A volte la sensazione soggettiva di ciò che si mangia e si beve è molto diversa da ciò che avviene realmente. Prendere nota di quello che si ingerisce è un aiuto per eliminare il di più.

Fare una cena leggera. Il vantaggio: evitare un sovraccarico di calorie nel momento in cui il metabolismo è più lento.

Se si sceglie come pasto principale quello di mezzogiorno e la sera si mangia più leggero, si possono risparmiare circa 100-150 calorie al giorno.

Mangiare di tutto ma con moderazione. Il vantaggio: ci si gratifica senza ingrassare.

Una delle ragioni per cui non è mai facile seguire le diete è che spesso proibiscono alcuni cibi che noi gradiamo in modo particolare. Così il regime alimentare ipocalorico diventa doppiamente punitivo. Eppure per dimagrire non è necessario fare grosse rinunce, basta mangiare un po' di tutto in quantità moderate.

Usare l'insalata come antipasto. Il vantaggio: anticipa il senso di sazietà.

Se non si abbonda con i condimenti, l'insalata dà poche calorie e in più riempie, riducendo subito l'appetito. Oltre tutto, consumata all'inizio del pasto, attiva la motilità gastrica, stimolando la digestione.

Consumare la frutta lontano dai pasti. Il vantaggio: ridurre la tentazione di snack calorici.

Un frutto a metà mattina o nel pomeriggio fornisce fibre e tappa il classico buco di metà giornata. Chi non gradisce la frutta può sostituirla con uno yogurt magro, una carota, un sedano.

Scegliere il miele come spuntino. Il vantaggio: gratificarsi con poche calorie.

Come rompifame per il pomeriggio, un cucchiaino di miele è l'ideale. È dolce e quindi appagante, mette a tacere in fretta il senso di fame e dà un apporto calorico di sole 20 calorie.

Il gioco delle sostituzioni

Ci sono abitudini alimentari che continuiamo a seguire semplicemente per pigrizia, senza nemmeno pensarci, ma che, in termini di calorie, hanno conseguenze pesanti. Cambiarle, però, non è difficile, specie se si sostituiscono certi cibi con altri altrettanto gustosi.

Abbiamo individuato sette errori alimentari facili da correggere. Naturalmente i cibi che consigliamo di sostituire con altri più leggeri non devono diventare un tabù: possono essere consumati una volta ogni tanto, sempre secondo la filosofia del non punirsi, ma sentirsi liberi pur senza eccedere.

Scambi vantaggiosi

- *Un cappuccino e una brioche* (400 calorie). Sostituiteli con un bicchiere di latte parzialmente scremato e una fetta di pane con marmellata (170 calorie). Così tagliate 230 calorie e vi saziate prima.
- *Un trancio di pizza* (550 calorie). Sostituitelo con un panino integrale con 50 g di prosciutto cotto e un pomodoro (200 calorie). Così tagliate 350 calorie e fate scorta di proteine.
- *Un cucchiaio di maionese* (150 calorie). Sostituitelo con una salsa con 60 g di yogurt, zafferano, curcuma e capperi (40 calorie). Così tagliate 110 calorie e la curcuma aiuta a bruciare i grassi.
- *Un cheeseburger con le patatine fritte* (750 calorie). Sostituiteli con un panino farcito con 70 g di ricotta e 50 g di funghi sott'olio (270 calorie). Così tagliate 480 calorie e digerite meglio.
- *Un aperitivo alcolico con salatini* (350 calorie). Sostituiteli con un succo di pomodoro, cipolline e cetriolini sott'aceto (50 calorie). Così tagliate 300 calorie e risvegliate l'intestino.
- *Un sacchettino di patatine* (150 calorie). Sostituitelo con una decina di crostini di pane tostati in forno e insaporiti con origano (90 calorie). Così tagliate 60 calorie e vi saziate di più.
- *Cinque biscotti farciti al cacao* (250 calorie). Sostituiteli con cinque biscotti secchi con un velo di marmellata (150 calorie). Così tagliate 100 calorie e in più avete gli oligoelementi della frutta.

Gli alleati del peso forma

Ripassare qualche regola per una corretta alimentazione non è mai tempo perso. E, il più delle volte, scopriamo che molte delle nostre convinzioni più radicate in fatto di calorie e di cibi pesanti o leggeri non sono corrette. Mentre ci sono piccoli trucchi che fanno guadagnare la linea insieme al gusto. Probabilmente questi consigli non li avete mai sentiti.

I legumi. «La zuppa di fagioli? No, grazie, sono a dieta.» Errore! Non è vero che i legumi, compresi i tanto vituperati fagioli, fanno ingrassare. Anzi, contengono molte fibre solubili preziose per l'intestino e molte proteine il cui valore biologico aumenta se li mangiamo insieme alla pasta. Una zuppa di legumi fa risparmiare circa 200 calorie rispetto a un piatto di spaghetti al pomodoro.

L'aceto. Questo condimento ipocalorico è preziosissimo per due ragioni. Se lo usiamo in abbondanza, magari del tipo balsamico, dà così tanto gusto all'insalata che non avremo bisogno di eccedere con l'olio (90 calorie al cucchiaio). La seconda ragione è che il gusto acido viene percepito dalle papille gustative della lingua in una zona molto vicina a quella che recepisce il sapore salato. Questo significa che se siamo generosi con l'aceto possiamo ridurre il sale, senza tuttavia trovare l'insalata insipida. Il vantaggio è enorme: il sale (che noi assumiamo in quantità eccessive, tra gli 8 e i 14 grammi al giorno, quando non dovremmo superare i 3) provoca ritenzione idrica e quindi fa aumentare di peso. Abituarci a prenderne meno è un passo sicuro verso la linea e la salute.

Lo yogurt. È ricco di fermenti lattici che fanno bene alla flora intestinale, ha un forte potere depurativo e in più è un alimento molto versatile. Lo yogurt diventa un grande alleato della linea se, oltre a consumarlo a colazione o a merenda, imparate a usarlo al posto di altri prodotti più calorici, per preparare salse salate e creme dolci. La maionese (650 calorie ogni 100 g) si può gustosamente rimpiazzare con una salsa allo yogurt dieci volte meno calorica (100 g di yogurt magro danno 65 calorie). Basta frullare insieme un vasetto da 125 g, un uovo sodo, 50 g di tonno al naturale, 4 filetti d'acciuga e basilico fresco. Anche le creme a base di panna o cioccolato (tre le 500 e le 600 calorie ogni 100 g) si possono sostituire con lo yogurt insaporito da un po' di miele, marmellata, una manciata di uvetta sultanina o una buccia d'arancia grattugiata. L'apporto energetico di queste creme leggere è un decimo, ovvero 50-60 calorie ogni 100 grammi.

Tre regole d'oro

1. *Sedetevi a tavola solo quando le pietanze sono servite*
Gli stuzzichini che si mangiano in attesa che la cena sia pronta sono per lo più a base di carboidrati e di grassi. E sono difficilissimi da evitare, perché ci tentano in un momento in cui abbiamo fame e magari siamo anche stanchi della giornata, ansiosi di rilassarci e di sfamarci. Non riusciamo a farne a meno anche perché abbiamo disimparato il gusto dell'attesa che, anche a tavola, amplifica il piacere. La soluzione? Aspettando di mangiare, dedicatevi ad altre attività: preparate la tavola con cura, lavatevi le mani, innaffiate i fiori... Fate cose semplici, poco impegnative, rapide, ma che vi distraggano.

2. *Annusate a lungo il cibo prima di assaggiarlo*
Siamo convinti che il cibo debba soddisfare non solo il gusto, ma anche il desiderio di pienezza. Così ci riempiamo il piatto e fatichiamo a rinunciare al bis. Un'idea per evitare questo errore è annusare le pietanze prima di assaggiarle. Il profumo dei cibi è parte integrante del loro gusto e quindi del nostro piacere di assaporarli. Iniziare a farlo con il naso introduce al pasto con un atteggiamento più calmo e meno vorace.

3. *Pensate intensamente a quello che state gustando*
Quando mangiamo sovrappensiero tendiamo a ingurgitare molto più cibo. Spesso si tratta di un riflesso condizionato, di un comportamento del quale non ci rendiamo neanche conto: sgranocchiare arachidi mentre si parla con un amico, mangiare crackers davanti al computer sono gesti che compiamo senza attenzione ma che portano al sovrappeso e in più non appagano il gusto, perché li facciamo senza essere del tutto presenti a noi stessi. Come correggersi? Tenendo bene a mente le parole "attenzione" e "lentezza". E, prima di deglutire, lasciando che il cibo "si racconti" per un istante nella bocca.

Una pillola per dimagrire

Combinate in modo diverso i sapori. Diversificate i menu. Se siete più creativi ai fornelli appagherete meglio il gusto e non vi abbufferete più.

Conclusioni

La fame oggi, nell'opulento mondo occidentale, non è più semplicemente lo stimolo a compiere un gesto indispensabile per sopravvivere, ma un segnale che dobbiamo imparare a leggere in tutte le sue valenze. Fame vuol dire voglia di gustare il piacere del cibo, voglia di condividerlo con gli altri, carica vitale.

Ma quando diventa eccessiva, impulsiva, incontrollabile, quando spinge ad abbuffarsi senza limiti, la fame è un segnale che dobbiamo imparare a leggere. Cosa può nascondere? Lo abbiamo visto in queste pagine: insoddisfazioni, frustrazioni e rabbia, ansie e paure, bisogni affettivi non colmati. Ma soprattutto cela la pericolosa perdita del piacere di vivere.

Mettersi a dieta, allora, non vuol dire privarsi del cibo – che guaio sarebbe togliersi qualcosa di bello proprio quando ne abbiamo più bisogno! Piuttosto vuol dire nutrirsi di cose diverse. La parola "dieta", che evoca sacrifici e rinunce, deve trasformarsi in un progetto di vita che, al contrario, sia pieno di nuovi piaceri e appagamenti. Passiamo dalla logica del togliere a quella del riempire. Perdere i chili in eccesso non è l'obiettivo; l'obiettivo è aggiungere alla nostra esistenza un po' grigia lo smalto che ha perso. Il grasso se ne andrà spontaneamente non appena saremo più felici. È questa la dieta che proponiamo. La sola che funzioni davvero.

PARTE TERZA

L'armonia nelle relazioni: anche sul lavoro si può

Che cos'è un lavoro "felice"

Come posso essere me stesso nel lavoro che svolgo? Come faccio a esprimermi al meglio? Come posso dare un senso significativo alle otto ore che mi aspettano ogni giorno? Come dar loro una mia impronta personale?

Queste le domande che dovremmo porci per trovare nella professione che svolgiamo una collocazione felice, ma di fatto il concetto di lavoro cui di norma facciamo riferimento appare molto diverso. Non siamo più abituati a ragionare così, a pensare che il nostro lavoro è uno spazio esistenziale in cui prima di tutto è fondamentale "incontrare se stessi", riuscire a esprimersi, realizzarsi, trovare la nostra vera identità per poi riportarla in tutti gli ambiti della nostra vita.

Lo testimoniano i più recenti sondaggi: il 65% degli italiani lavora male perché non si sente realizzato; nel 70% dei casi la professione svolta non corrisponde al lavoro desiderato; e, se il 20% afferma di avere un'occupazione accettabile, soltanto il 10% ammette di aver concretizzato la propria aspirazione.

I motivi di scontento più frequenti? La mancanza di gratificazioni verbali da parte dei capi; l'essere costretti a subire scorrettezze; la sensazione di essere sottoutilizzati; la ripetitività e l'eccessivo spirito di competizione. Il lavoro diventa così il luogo privilegiato del sacrificio, della rinuncia, della frustrazione, della rivalità, delle aspettative deluse, del dovere per il dovere. Per la maggior parte di noi il lavoro è un mix di disagi: dalla comunicazione difficile con capi e colleghi alla difficoltà a far fruttare le proprie risorse, all'obbligo di assoggettarsi a ritmi serrati e ripetitivi, che alla lunga mortificano qualsiasi velleità di cambiamento.

Quali dovrebbero invece essere le caratteristiche di un lavoro gratificante? Non avere orari fissi è il sogno impossibile del 35% degli intervistati; sentirsi rispettati è il bisogno frustrato del 25% e potersi esprimere liberamente, dando un calcio a formalismi e diplomazie obbligate, il desiderio inesaudito del 20%.

Il lavoro fa "maturare" la coscienza

Che dire allora a chi non ne può più di lavorare e aspetta solo il momento di andare in pensione? A chi è convinto che un impiego vale l'altro, tanto è solo lo stipendio che conta? E a chi afferma che qualsiasi professione alla fine appiattisce l'esistenza o addirittura uccide? Emblematiche le parole dell'egittologo Schwaller de Lubicz: «*Se fra te e l'oggetto del tuo lavoro interponi uno strumento automatico che elimina la tua volontà e soprattutto la tua sensibilità, ogni contatto fra te e la materia lavorativa è rotto. (...) Tu hai steso un velo tra te e la cosa; la cosa sussiste, ma tu, essere cosciente, perdi la tua vita soffocando la tua coscienza*».

Traspare, dalle parole del grande simbolista, un'idea di lavoro carica di un significato molto più ampio che delinea i tratti inequivocabili di un lavoro felice. Quali le sue caratteristiche? Si tratta di un lavoro capace di sviluppare le proprie attitudini potenziali; che, non più finalizzato all'azione che si svolge, né chiuso nel risultato che si ottiene, dà il senso del cambiamento e della trasformazione. Insomma, un lavoro "vivo", com'è viva la terra senza la quale l'uomo-seme non può maturare. In quest'ottica, è grazie all'occupazione che svolge, che l'uomo può maturare la propria coscienza e con essa conquistare un livello sempre più completo di benessere psicofisico.

Il lavoro è una via per arrivare a noi stessi

Questo è possibile se non si cade nella trappola del pensiero razionale, che ci fa vedere tutto piatto, convincendoci che la vita, e quindi il lavoro, siano operazioni noiose e ripetitive.

Diversamente, il lavoro porta alla prassi, alla concretezza e nel suo continuo "fare" ci tiene lontani dai labirinti improduttivi della testa. Quindi, è tanto più costruttivo e apportatore di benessere, quanto più diventa il tramite per incontrare le nostre energie profonde. Riuscire a esprimerle in ambito lavorativo non solo ci farà stare bene in ufficio, ma ci consentirà di mettere in atto le nostre potenzialità creative nella vita.

Questa la finalità che ci proponiamo: far ridiventare il lavoro una partita da giocare tra noi e noi, la via privilegiata per arrivare a essere noi stessi. Ciò non significa che gli altri elementi non contino: i risultati, lo stipendio, la carriera, i rapporti col capo e coi colleghi, tutti elementi non trascurabili, che però devono spostarsi sullo sfondo. Troppo spesso infatti questi aspetti ci abbacinano, diventando il nostro principale punto di riferimento, anche il nostro primo problema. E qui sta il segnale da non sottovalutare: quando imputiamo il malessere di cui soffriamo a cause esterne a noi, c'è qualcosa che non va. In realtà non sono mai questi i veri motivi che ci fanno stare male al lavoro: continuando a fissare la nostra attenzione sulla realtà contingente, perdiamo la visione d'insieme e, così facendo, smarriamo il senso del nostro operare.

Prima regola: occupiamoci di noi stessi

Come punto di partenza, proviamo a occuparci prima di tutto di noi stessi, a chiederci come stiamo sviluppando la nostra attività, se c'è un modo migliore per esprimerci e cosa ci farebbe rendere al massimo. Per esempio: fermiamoci un attimo a ricordare quella volta in cui abbiamo lavorato con entusiasmo e senza neppure sentire la fatica. Cos'era presente in quel momento che ci faceva stare così bene? Se ci caliamo in quell'istante, ci accorgeremo che allora era scattato qualcosa dentro di noi; le conferme esterne, la promozione, il guadagno erano venuti dopo. Ci renderemo conto che i problemi che riteniamo tanto importanti sfumano, sino a tornare nella posizione da comprimari che loro spetta.

Seconda regola: ridimensioniamo il problema del guadagno

Un altro dato a rischio che ci preclude il benessere è l'eccessiva importanza attribuita all'incentivo economico, che è considerato la molla principale che ci spinge a lavorare. Non si pensa però mai abbastanza che è anche quella che più di altre è in grado di renderci insopportabile un lavoro e di farci stare male. Infatti, se prima di tutto scegliamo il denaro, perderemo l'opportunità di trovare il centro di noi stessi. Quindi, addio a una professione che ci piace e che riteniamo sintonica alle nostre caratteristiche e addio alla possibilità di stare bene e di esprimerci al meglio.

Con questa mia posizione non voglio assumere un atteggiamento distaccato nei confronti dei soldi e del guadagno. Tutt'altro. È solo questione di capovolgere i termini del problema: il denaro ha senso quando è associato a una valida qualità della vita. Ma diventa limitativo e pericoloso quando si trasforma nel primo e più importante parametro con cui autovalutarci, nel riferimento principale attorno a cui tratteggiare la nostra identità.

La verità è che siamo molto di più del nostro stipendio. E poi è difficile credere che si possa guadagnare bene senza mettere in campo le nostre energie migliori. Salvo riuscire a farlo con grande sforzo e senso di malessere.

Ricordati che...

Dare un senso al proprio lavoro significa ricercare in esso la gioia interiore. In quest'ottica il lavoro è:

- il grande "antidoto" ai veleni della mente
- ciò che ci fa maturare la coscienza
- una partita con noi stessi
- la maggior possibilità di esprimere il nostro potenziale creativo.

Che energia lavorativa sei?

Qual è lo stile di lavoro che ci appartiene? C'è chi per rendere al massimo deve concedersi cicliche interruzioni; chi invece si obbliga a nascondere l'orologio e a fare una tirata finché non ha concluso. Così per la comunicazione in ufficio: se alcuni prediligono gli scambi verbali diretti coi colleghi, altri privilegiano il silenzio e la riservatezza. Lo stesso con il cibo: per molti di noi il pasto è una pausa irrinunciabile per ritrovare la concentrazione; per altri, invece, è meglio consumare piccoli snack davanti al computer e non distrarsi. Comportamenti diversi, che fanno capo a energie lavorative specifiche. Noi ne abbiamo identificate quattro: ciascuna di esse tratteggia un approccio professionale particolare, che espone a rischi differenti.

La meta, innanzitutto

Questo tipo di energia lavorativa è diretta al fine. Silenziosa e precisa, non si fa deviare da nulla. Come un diesel marcia lenta e inesorabile verso il suo obiettivo. Ecco le modalità con cui si caratterizza.

La postura

Sempre seduti alla scrivania. Dotati di grandi capacità di concentrazione, siamo in grado di resistere a qualsiasi interferenza, per portare a termine in modo lento e regolare il nostro compito. In ufficio siamo facilmente riconoscibili perché stiamo sempre seduti alla scrivania, da cui non ci alziamo finché il lavoro non è finito. Il nostro tratto dominante è la staticità.

Il rapporto col tempo

Niente pause... neanche per fare pipì. Il rapporto col tempo è stritolante, nel senso che viviamo costantemente proiettati nel futuro. Quando iniziamo un lavoro non molliamo fino alla fine e abbiamo sempre presente il carico di incombenze ancora da assolvere. Per non ritrovarci con dei sospesi o degli arretrati, siamo capaci di non concederci mai una pausa e, se abbiamo qualche minuto libero, lo occupiamo subito per portarci avanti. Il rinvio non fa parte del nostro corredo energetico, tantomeno il meritato ozio tra la fine di un lavoro e l'inizio di un altro. Perciò non familiarizziamo facilmente coi colleghi: cordiali quanto basta per tenerli a distanza di sicurezza, non ci concediamo caffè, chiacchiere o telefonate. E se il ritmo è incalzante, non troviamo neppure un momento per... fare pipì!

Il rapporto col cibo

Mangiare è soprattutto una necessità. Durante la settimana lavorativa, non diamo particolare importanza al cibo. Nutrirci è una necessità che assolviamo nel modo più economico possibile e, per risparmiare tempo, tendiamo a pranzare sempre nello stesso locale, preferendo piatti semplici e digeribili. Nel cassetto niente snack, caramelle o sfizi: non essendo previste pause nella marcia, non sentiamo il bisogno di addolcire la giornata con bocconcini consolatori.

Lo stile comunicazionale

I rapporti sono davvero carenti. Parliamo poco, non discutiamo con nessuno le nostre posizioni ed evitiamo i consigli, che non richiediamo e diamo solo dietro sollecitazione. Anche quando subiamo un torto o ci infuriamo per una ragione più che giustificata, non facciamo rimostranze. Tantomeno lasciamo trasparire le emozioni, imbavagliandole in uno stoico distacco. Proprio quando è impossibile non commentare un evento lavorativo, affidiamo all'ironia messaggi trasversali. Più spesso preferiamo mandar giù, salvo poi, quando la goccia fa traboccare il vaso, sbottare, esplodendo male. Comportamento di cui ci pentiamo immediatamente, rientrando subito nei ranghi.

L'abbigliamento

L'abito è comodo, poco appariscente. Gli uomini prediligono lo stile informale, senza giocare con gli accessori e senza seguire la moda. Le donne preferiscono i maglioni al tailleur, prestano poca attenzione ai particolari, niente gioielli e viso acqua e sapone. Anche i capelli sono spesso trattenuti, per non dare fastidio se scendono sul viso: lunghi o corti sono comunque pettinati in modo semplice. Quello che conta è la funzionalità che porta a scegliere uno stile pratico.

DI COSA SOFFRI

Se pensiamo alla caratteristica di quest'energia statica e dura, che è quella di non deviare mai dai binari e di non lasciarsi andare, risulterà chiaro perché, per analogia, sono le ossa il bersaglio principale. Non sono forse loro la nostra parte "pietra", l'intelaiatura rigida della struttura corporea, quella che tiene? Attenzione quindi ad artrosi, cervicalgie e lombalgie. Un alto rischio esiste anche per il polmone, organo che con la respirazione presiede allo scambio dentro-fuori, scambio che, come la comunicazione, è carente, se non inesistente.

IL RISCHIO NEL LAVORO

Il problema più serio in cui si incorre è l'isolamento. Parlare poco o non parlare per niente provoca negli altri reazioni negative: il silenzio infatti allontana i colleghi, che possono interpretarlo come segno di superiorità o di superbia. Chi tace viene vissuto spesso come "giudicante" o accusatore e il gelo di cui si circonda raffredda inevitabilmente la relazione coi colleghi, che tenderanno quindi a estrometterlo dal gruppo. Un'aggravante è data poi dal fatto che, non confrontandoti con gli altri, puoi irrigidirti sulle tue posizioni, andando in una sola direzione con ostinazione e senza spirito critico.

Mille cose insieme

Questo tipo di energia lavorativa è labirintica. La sua regola è il movimento, fatto di accelerazioni, virate e brusche frenate. Non si ripete mai perché l'abitudine... la uccide.

La postura

Mai fermi. Sempre indaffarati su più fronti, anche da seduti siamo in continuo movimento. Veloci come l'aria, non procediamo mai in linea retta, ma andiamo a zig-zag, partiamo di scatto per poi frenare bruscamente, fino ad arrivare ad... attorcigliarci su noi stessi. Ecco perché fatichiamo a mantenere la postazione di lavoro: spesso ci troviamo fuori dal nostro spazio e invadiamo quello degli altri. Mentre telefoniamo, prendiamo appunti o scorriamo lo schermo del computer; nel frattempo ci massaggiamo il collo, esprimendo soprattutto con la parte superiore del corpo il moto frenetico che ci contraddistingue. La scrivania è quasi sempre in disordine: fogli, pratiche, appunti, cellulare, acqua minerale, riviste, oggetti, l'uno sull'altro a riempire lo spazio che, pescando dal mucchio ciò che ci occorre, ridisegniamo di continuo.

Il rapporto col tempo

Tutto all'ultimo momento. Sbilanciati sul futuro rincorriamo sempre nuovi progetti. Tutto ciò che è nuovo ci affascina, mentre il passato è alle spalle e il presente è già trascorso. Mal sopportiamo gli orari rigidi e facciamo fatica a distribuire il lavoro in modo omogeneo nella giornata. Funzioniamo bene nelle emergenze e non ci facciamo prendere dal panico per i minuti contati. In caso di necessità, siamo abilissimi nel ritrovare la concentrazione e recuperare in un lampo il tempo perso.

Il rapporto col cibo

Resistenza alla fame. Di solito non abbiamo un buon rapporto col corpo, proprio perché convergiamo tutta l'energia nella testa, in un movimento incessante. Allo stesso modo non abbiamo un rapporto equilibrato col cibo. Siamo disordinati nel mangiare, sia per gusto, sia per quantità; spesso durante il lavoro saltiamo il pasto, per poi magari concederci un aperitivo ipercalorico all'uscita o mangiare il doppio la sera. A volte siamo capaci di ingaggiare vere e proprie sfide col cibo, resistendo per periodi lunghi ai morsi della fame.

Lo stile comunicazionale

Messaggi a intermittenza. La parola è il nostro territorio. Ma, data la nostra natura caotica, le comunicazioni sono intermittenti oppure iniziano con un obiettivo e poi si perdono per altre strade. Spesso discutiamo e polemizziamo sostenendo certezze apparentemente intoccabili che, quando meno gli altri se lo aspettano, virano di novanta gradi! Siamo più cerebrali che emotivi, ma spesso non riusciamo a controllare del tutto le nostre reazioni.

L'abbigliamento

Uno stile diverso ogni giorno. Gli abiti che indossiamo non presentano una linea di continuità. In ogni caso non ci facciamo mai condizionare da ciò che dobbiamo fare, preferendo affidarci all'umore del momento. La naturalezza con cui ci muoviamo, però, ci fa apparire adatti in ogni occasione. Spesso di noi si dice che abbiamo un nostro stile.

DI COSA SOFFRI

I disturbi più frequenti per chi si identifica nell'energia labirintica sono mal di testa e cefalee, che possono bloccare l'energia nel suo fluire, soprattutto quando, per eccesso di lavoro, ci si smarrisce nei meandri della mente. Disturbi intestinali e stipsi fanno invece la loro comparsa quando il moto continuo in cui si vortica mette in atto le sue proverbiali frenate e trattiene tutto.

IL RISCHIO NEL LAVORO

Il maggior rischio è la dispersione. L'incostanza richiede a volte uno sforzo tremendo per rispettare tempi e scadenze. Attenzione anche a enfatizzare, utilizzando la fantasia per disegnare una propria immagine delle cose, col pericolo di astrarsi dalla realtà dei fatti e mentalizzare gli eventi secondo una personalissima logica. Non dando retta ai segnali di affaticamento, si può cadere in improvvisi stati di astenia, che spaventano perché doversi fermare è l'eventualità che si teme di più.

Un giorno da leoni, l'altro...

Possiamo definire questo tipo di energia lavorativa come saliscendi. Va a fiammate. Tanto parte irruente e decisa, quanto improvvisamente può spegnersi. Le mezze misure non fanno proprio per lei.

La postura

All'attacco o senza forze. Abbiamo un assetto corporeo variabile: cambiamo infatti molto a seconda della fase in cui ci troviamo. In situazione ascendente, quindi carichi di tensione e di coinvolgimento, assumiamo atteggiamenti diretti e anche il corpo è tonico, proteso all'attacco. In fase discendente potremmo invece ritrovarci sgonfi, senza forze e svogliati. A tratti affidabili, a tratti completamente distratti. Per noi hanno molta importanza gli organi di senso, soprattutto il tatto: attraverso le mani e la loro gestualità, creiamo unioni ravvicinate o distanze chilometriche.

Il rapporto col tempo

La giornata la gestisco io! La nostra modalità rispetto al tempo ci spinge a "portarci avanti" per poi concederci ampie pause di totale inattività. Per questa ragione siamo convinti di poter piegare il tempo a nostro piacimento: lavorare fino a notte inoltrata, senza guardare l'orologio, per poi crollare esausti! L'aspetto positivo è che non temiamo mai che sia troppo tardi: le ore a disposizione sono una materia da forgiare secondo le necessità e, nel profondo, fidiamo sempre che ci siano tempi supplementari.

Il rapporto col cibo

Mangiare è un piacere, ma a fasi alterne. Il rapporto col cibo non è continuo. A tratti lo amiamo, concedendoci anche durante il lavoro locali di buon livello, dove appagare appieno il gusto; in altri non proviamo nei suoi confronti emozione alcuna, contentandoci del solito panino, anche davanti al computer. È comunque raro che il cassetto non sia fornito di spuntini o leccornie raffinate, cui attingere quando scoppia la voglia. Poco capaci di tollerare le frustrazioni, ci piace poter esaudire gli sfizi senza dover aspettare.

Lo stile comunicazionale

La voce tuona o tace. Anche il modo di parlare tradisce continui sali-scendi. Quando ci sentiamo carichi ci esprimiamo con voce alta, ben scandita. Quando invece la tensione si allenta, comunichiamo il minimo indispensabile, trincerandoci in un silenzio svogliato, che traduce l'assenza di disponibilità allo scambio. A registrare il cambio di rotta dell'energia sono il volume della voce e la gestualità che, ricca nei momenti di euforia, diventa pressoché assente nella stasi.

L'abbigliamento

Uno stile ad alti e bassi. Anche l'abbigliamento segue la stessa oscillazione energetica: quando ci sentiamo in forma preferiamo abiti ricercati, di buon taglio, che si connotano per la cura dei dettagli e la preziosità degli accessori. Invece, in fase calante, l'abbigliamento perde per noi qualsiasi interesse. La volontà inconscia di sparire e diventare invisibili si traduce in abiti trasandati, al limite della trascuratezza, nei quali ostentiamo il nostro malessere o il nostro disagio.

DI COSA SOFFRI

D'acchito sembra paradossale, eppure i disturbi fisici più frequenti in un individuo sali-scendi sono la debolezza e il mancamento, che traducono su un piano somatico le improvvise cadute di tensione cui è soggetto. A oscillare è anche la pressione sanguigna, instabile tanto quanto l'andamento dell'energia. Le grandi stanchezze, perlopiù improvvise, possono generare vasodilatazioni e collassi.

IL RISCHIO NEL LAVORO

In qualsiasi situazione lavorativa, il rischio maggiore è lo sbilanciamento, la mancanza di equilibrio: si può infatti tendere verso l'ipercerebralità, oppure verso l'impulsività massima. Questa è la ragione per cui si può essere, a seconda dei momenti, ipercritici o menefreghisti, troppo aggressivi o esageratamente accondiscendenti. A caratterizzare sempre e comunque è la mancanza di sfumature e di mezze misure.

Quel che conta è l'apparenza

L'energia lavorativa formale è ineccepibile. Dar vita a un risultato perfetto, a prova di critiche, questo il suo obiettivo principale. Prevalentemente lunare, si concretizza in maniera lenta, armonica, regolare. Morbida e proporzionata, si adatta bene e senza sforzo a ogni tipo di situazione.

La postura

Far sempre bella figura. Dietro a una scrivania, in un negozio o in una convention, facciamo sempre bella figura. Ci muoviamo in modo armonioso, elegante e lento nei gesti e nei modi e non perdiamo mai il controllo della situazione, senza però lasciar trasparire alcuna idea di sforzo, come se ci venisse naturale calarci in qualsiasi contesto. Il passo è ondeggiante, ritmato, mai pesante. Ufficio e scrivania sono ordinati, ma secondo regole formali, non certo di utilità operative. Quello che il nostro corpo comunica è una calma consapevole, che rimane salda anche di fronte ai piccoli grandi conflitti che si scatenano sul lavoro.

Il rapporto col tempo

Saper stare nel presente. Abbiamo col tempo un buon rapporto. Mai di fretta, lo assaporiamo istante per istante, o almeno, da attori consumati, diamo l'idea di farlo. Il problema è che, per soffermarci sul particolare, finiamo per smarrire l'insieme, perdendoci in rivoli inutili e, di conseguenza, arrivando in ritardo sulle cose. Non ci appartiene però l'idea del "recupero": il tempo andato è perso e, assecondando il moto ciclico che lo caratterizza, stiamo in attesa paziente che l'occasione si ripresenti.

Il rapporto col cibo

Ho voglia di qualcosa di buono... La nostra scrivania è un'autentica dispensa, cui attingiamo a intervalli regolari, ogni volta che sentiamo il bisogno di prenderci una piccola pausa. Non abbiamo mai un vero appetito, piuttosto sentiamo spesso la voglia di "qualcosa di buono". E allora cioccolatini, caramelle, sfiziosissimi fuori pasto. Edonisti fino in fondo, mangiamo giusto per deliziare le papille gustative.

Lo stile comunicazionale

Mai parlare a sproposito. Adoriamo i complimenti, sinceri o di convenienza che siano. Al primo scatto di rabbia del collega, ci pentiamo amaramente di aver dato troppa confidenza e prendiamo le distanze. Le cattive maniere per noi non hanno giustificazione, mai, e ci atteniamo in modo ferreo a questa regola. Diciamo sempre la cosa giusta al momento giusto. Prima di aprire la bocca, selezioniamo con cura ogni dettaglio, valutando l'umore dell'interlocutore, l'occasione, la sua disponibilità di tempo. Solo a questo punto scegliamo la formula espressiva e l'intonazione di voce più adatta. E strada facendo, finisce che ci dimentichiamo... cosa volevamo dire!

L'abbigliamento

L'importante è mostrarsi al meglio. Non sbagliamo mai un abito. E raramente ci capita di avere un capello fuori posto. Gli accessori possono variare a seconda della circostanza, ma si distinguono per ricercatezza, senza mai peccare di eccessiva originalità. L'obiettivo è apparire il più possibile in sintonia con l'ambiente, così da garantirsi gli apprezzamenti dei colleghi e cautelarsi dalle critiche.

DI COSA SOFFRI

Può suonare strano che una persona dalla postura così armonica, che cammina come se danzasse e che colpisce per i suoi movimenti morbidi e avvolgenti, possa soffrire di male alle articolazioni. Eppure sono proprio queste, insieme alle giunture, a pagare lo scotto di tanta perfezione: braccia, mani e gambe sono infatti impegnate in uno sforzo continuo, il cui obiettivo è conquistare lo spazio, ma sempre in maniera solenne, armonica e lenta. Il punto debole, a livello fisico, sono gli arti e la circolazione sanguigna periferica. Quindi dolori diffusi e formicolii, gambe e caviglie gonfie, soprattutto a fine giornata.

IL RISCHIO NEL LAVORO

Il rischio più frequente per chi si riconosce nell'energia formale è perdere tempo dietro a dettagli secondari, se non addirittura inutili, senza riuscire a portare a termine il grosso del lavoro. Il vero problema quindi è non arrivare al nocciolo delle questioni.

Ricordati che...

Ognuno di noi, quando lavora, opera in maniera diversa. Ecco i quattro profili in cui riconoscersi.

- *Dal lavoro non stacchiamo mai fino a che non abbiamo finito.* Parliamo raramente e accumuliamo a lungo le rimostranze prima di esplodere. La nostra energia lavorativa è diretta al fine.
- *Non siamo certo tipi abitudinari.* Amiamo fare contemporaneamente più cose e viviamo sempre in un moto frenetico, raggiungendo i nostri obiettivi attraverso numerosi cambi di rotta. La nostra energia lavorativa è labirintica.
- *Mai costanti, alterniamo momenti di grande intensità lavorativa a improvvise cadute di tensione.* Possiamo raggiungere picchi di grande concentrazione, ma li alterniamo a momenti di totale disinteresse. La nostra energia lavorativa è sali-scendi.
- *Essere esteriormente perfetti: questo il nostro scopo.* Per evitarci critiche, perseguiamo l'armonia delle apparenze. La cura esagerata dell'immagine ci porta spesso a smarrirci nel dettaglio. La nostra energia lavorativa è formale.

Come potenziare la tua energia lavorativa

Adesso che abbiamo individuato l'energia lavorativa che ci contraddistingue, vediamo insieme di potenziarla, così da poter utilizzare come risorse le caratteristiche che la connotano. Finalizzate allo scopo le operazioni simboliche che proponiamo: dalla tisana da bere durante la giornata alla piantina da tenere sulla scrivania, al profumo da bruciare, all'automassaggio cui dedicare qualche minuto al giorno. Abbinati a essi alcuni suggerimenti pratici che riguardano i comportamenti da tenere sul lavoro e alcuni trucchi comunicazionali per alleggerirci dalle tensioni inutili. Infine, sono indicate per ogni tipo di energia lavorativa le professioni che meglio la possono utilizzare e quelle che invece la inibiscono.

L'importante è chiederti dove si colloca l'obiettivo

È una caratteristica della mente razionale quella di inseguire un obiettivo, canalizzando tutte le energie in vista della sua realizzazione. Ma il nostro cervello non funziona così: esiste in esso una zona fluida di strutture nervose in cui l'identità si ridiscute con maggior facilità. Per esempio: per un periodo crediamo fermamente in un'idea, poi il convincimento viene meno. Per evitare di fissarsi su un obiettivo sbagliato, è bene allora chiedersi dove si colloca il successo lavorativo cui miriamo. Prendiamo come immagine metaforica quella dell'albero: alle sue radici l'albero non potrebbe mai rinunciare, mentre alle foglie... oggi ci sono e domani forse no. Anche il nostro cervello ha delle radici (cioè la zona limbico-ipotalamica, in cui risiede la nostra identità biologica) e delle foglie, che corrispondono alla neocorteccia, dove abita la parte più razionale di noi. Un conto allora è puntare al successo delle radici, che è l'estrinsecazione di un progetto interiore, in cui tutto si sviluppa armonicamente; altro conto è il successo delle foglie, che si trasforma in una forzatura innaturale, che può creare squilibrio.

Chi si riconosce in questa tipologia energetica deve avere sempre presente dove si colloca l'obiettivo prefisso, invece di fissarsi su di esso in modo acritico. Infatti, quando in nome dello scopo neghiamo la nostra identità, provochiamo una vera e propria consunzione cerebrale, una sorta di "anoressia" dei circuiti nervosi. In questo caso l'andare dritti al fine, senza cedimenti, può rappresentare un vero pericolo per la salute.

L'ESERCIZIO SIMBOLICO

Ogni giorno fare un'azione senza senso

Anche se il nostro modo di essere ci porta a capitalizzare le forze in vista di un obiettivo, impegniamoci ogni giorno a compiere un'azione che di per sé non ha alcuna finalità immediata. Lasciamo che sia l'istinto a guidarci, assecondando la voglia, la curiosità o un'idea balzana che ci sfiora. Un esempio: camminiamo per almeno dieci minuti al giorno senza una direzione, a zonzo, come ci viene... Così facendo impareremo a staccare, consentendo all'energia di fluire indisturbata.

Le regole d'oro

Osservare gli altri. Per uscire da noi stessi proviamo questo esercizio. Ogni giorno, quando torniamo a casa, chiediamoci come era vestito il capo. Se le prime volte non sapremo rispondere nei particolari, di sicuro nei giorni successivi presteremo molta più attenzione.

Un po' di movimento fisico. Un elemento assente nel nostro modo di essere... fisso è il movimento corporeo. Nel tempo libero, dedichiamoci perciò alla ginnastica o alla danza (ma può andar bene anche uno sport). Ballare servirà a bilanciare la staticità e a stabilire un contatto con lo spazio esterno.

Parlare, parlare, parlare. Dobbiamo rompere il silenzio e farla finita con la comunicazione "trasversale". Uno sguardo di traverso può essere più irritante di un no detto in modo diretto. Dedichiamo quindi mezz'ora al giorno alla comunicazione. E facciamolo quotidianamente, anche interrompendo il lavoro. E quando andiamo a prendere il caffè col collega, lasciamo l'orologio sulla scrivania.

Sì alle pause. Un consiglio da adottare tutti i giorni? Fare cinque minuti di interruzione per ogni ora di lavoro e riempirli come più ci piace. L'importante è creare uno stacco, in modo da prendere distanza da ciò che stiamo facendo, e poi ripartire.

Bere molta acqua. L'energia supercondensata che ci anima ha bisogno di sciogliersi e di stemperarsi e l'acqua svolge ottimamente questa funzione. Quindi è buona norma tenere sempre a portata di mano un bicchiere di acqua e vuotarlo di frequente.

I rimedi naturali

La tisana: il rosmarino. Il rosmarino è la pianta tonica per eccellenza: tradizionalmente legata al sole, trasferisce nell'uomo l'energia attinta da esso. Per fare la tisana lasciare per 10 minuti in infusione 15 g di foglie fresche in un litro di acqua bollente. Filtrare e bere durante la giornata.

La piantina da tenere vicino: l'erica. L'erica cresce nella solitudine dei luoghi alpini, ma cammina sempre, cerca la luce e si estende verso l'alto: simbolicamente controbilancia la dimensione di staticità.

Il punto da massaggiare: il cuore. Un massaggio al cuore: ecco l'incontro con il polo caldo che quest'energia tende ad allontanare da sé. Massaggiamoci dunque il cuore per 5 minuti al giorno. Si può fare anche sul lavoro, in un momento di relax: eseguire movimenti rotatori e delicati, a occhi chiusi. A casa, in un ambiente tranquillo e in penombra, possiamo usare dell'olio essenziale di neroli (4 gocce in un cucchiaio di olio di jojoba) da spalmare sul petto.

Il profumo: il sandalo. Il sandalo è il profumo per chi nella vita privilegia la razionalità e non riesce a rilassarsi perché sempre assorbito dai progetti e dall'ansia di conseguire un risultato. Integrando la mente coi sensi, facilita la consapevolezza del "qui e ora".

Attenzione a cosa scegli

- *Il lavoro sbagliato.* I ruoli meno adatti sono quelli che mettono a contatto col pubblico: le difficoltà di comunicazione impedirebbero di svolgere con agio pubbliche relazioni o prese di contatto con nuovi clienti. Da evitare anche professioni che comportano rischi: il fattore imprevisto porterebbe troppa ansia.
- *Il lavoro giusto.* Il ruolo più adatto è quello che permette di decidere quando comunicare e quando no, che consente di avere uno spazio separato da quello degli altri. Qualche esempio: un lavoro dipendente in cui siano richieste soprattutto precisione e responsabilità.

L'energia labirintica: devi fermarti e ritrovare le radici

Per quanto l'educazione e la cultura in cui siamo collocati ci spingano a identificare nell'ordine l'assetto ideale dell'esistenza, nelle sue radici la vita è caotica. Caos come energia propulsiva che irrompe e che sgorga spontanea, ridisegnando ogni volta le forme in cui noi, vincolati a modelli rigidi di comportamento, continuiamo a ingabbiarci. Essere in sintonia con questo moto frenetico, sentirsi attratti da più cose contemporaneamente, raggiungere gli obiettivi prefissi non con sequenze cadenzate, ma con bruschi cambiamenti di rotta, di per sé quindi è sano. L'importante però è che questo modo di essere non ci faccia sentire in balìa degli eventi, disarmati di fronte a forze sconosciute che agiscono indipendentemente da noi, senza rispondere a un senso compiuto.

Invece, se guardiamo la vita... dalla parte delle radici, questo senso c'è ed è la direzione sotterranea che ci muove: come a dire che l'energia che ci portiamo dentro (e che la mente razionale percepisce come caotica), e che è la stessa energia del mondo, agisce da sola, se noi non ci opponiamo. Ed è una forza che sa già dove andare e cosa fare, se non la blocchiamo con le resistenze del nostro piccolo e limitato Io. Proviamo allora a fidarci della saggezza profonda che, dalle radici, ci conduce dove per noi è giusto recarci. Per farlo è di fondamentale importanza ricontattare la nostra visceralità, la terra in cui tali radici affondano.

L'ESERCIZIO SIMBOLICO

Impastare con acqua o latte

L'energia labirintica, volatile e inafferrabile come l'aria, ha l'esigenza di ritrovare il suo centro riprendendo contatto con la terra. L'esercizio che suggeriamo realizza su un piano simbolico questa finalità: una volta alla settimana, costruiamo piccoli oggetti di creta. Sporcarci le mani fin sotto le unghie e manipolare la terra è un'operazione di bilanciatura che riannoderà il filo diretto con l'aspetto più concreto del nostro essere.

Le regole d'oro

Il silenzio. L'energia labirintica deve abituarsi a incontrare la dimensione del silenzio. Ragione per cui, prima di rispondere o fare un intervento verbale, è bene rispettare cinque secondi di silenzio e poi parlare, cercando di dare un'importanza diversa alla parola che molto spesso diviene un'arma a doppio taglio. Nonostante la nostra dimestichezza con la parola, l'energia che esprimiamo deve fare i conti con le reazioni provocate dalle sue "uscite" fuori luogo, dalle sue opinioni espresse senza pensarci troppo, dai suoi continui tentativi di modificare lo status quo.

Se dobbiamo parlare, parliamo chiaro. Quando proprio non si può prescindere dall'esprimere le proprie opinioni, è meglio farlo in modo diretto, arrivando dritti al sodo senza troppi giri di parole.

Attenzione alla comunicazione non verbale. Facciamo attenzione alla comunicazione corporea, cercando di mantenere una posizione per tutta la durata della comunicazione, senza agitare mani, gambe o testa più del dovuto, perché ciò disperde energia e oltretutto distrae l'interlocutore.

Custodire i segreti. Non raccontiamo in ufficio i fatti nostri, dando dettagli sulla nostra vita extralavorativa. Impariamo anche a tenerci per noi qualche segreto professionale, così da risparmiare le energie e metterci al riparo dai fraintendimenti che il frenetico andamento che ci connota può scatenare. Ci accorgeremo che custodire a doppia mandata ciò che ci è caro ci farà percepire con più chiarezza lo "spessore" della nostra persona, salvandoci dal timore, spesso presente, di disperdere la nostra forza.

I rimedi naturali

La tisana: la gramigna. L'erba consigliata da bere sul lavoro è la gramigna, la cui energia è mirata a "rimettere i piedi in testa" e riprendere contatto con la parte bassa degli istinti e delle emozioni. Per soggetti come noi, infatti, la mente e la fantasia hanno necessità di rientrare ciclicamente in contatto con la terra.

La piantina da tenere vicino: il miglio. In un batuffolo di cotone imbevuto di acqua piantiamo un semino di miglio. Teniamolo sempre umido per 40 giorni, poi, quando la piantina sarà alta 5/6 cm, trasferiamola in un vaso di terra, da tenere vicino. Il miglio è il cereale più piccolo e più leggero, dotato però di una corteccia durissima. È quello in cui l'energia è maggiormente concentrata: per questo ben si adatta a tutti i soggetti che tendono a disperderla, aiutandoli a direzionarla in un unico punto.

Il punto da massaggiare: la pancia. Un massaggio morbido sulla pancia è l'ideale per tutti coloro che appartengono a questa tipologia energetica, per rientrare in contatto con una visceralità da cui hanno preso troppa distanza. La sensazione di calore che nasce dalla pancia funziona come un richiamo verso il mondo concreto degli istinti.

Per fare questo massaggio poniamo il palmo della mano vicino all'ombelico e massaggiamoci la pancia con movimenti leggeri, tracciando dei cerchi in senso orario. Mentre continuiamo coi cerchi, iniziamo a premere leggermente con la punta delle dita e, se troviamo un punto dolente, premiamo più forte per qualche istante, respirando a fondo con l'addome. Alla fine del massaggio, teniamo la mano ferma sull'ombelico per qualche istante, poi respiriamo profondamente e sciogliamo le spalle con movimenti lenti.

Il profumo: il fiore di loto. Dal fango fino al cielo: ecco il percorso del fiore di loto, la pianta che, bilanciando la sua sommità con le radici, è la più adatta a ricucire le dispersioni dell'energia labirintica. Attraverso un lunghissimo stelo, il loto connette due polarità ben strutturate: una radicata a terra, l'altra elevata verso il cielo.

Attenzione a cosa scegli

- *Il lavoro sbagliato.* Meglio evitare i ruoli professionali rigidamente strutturati, con orari inflessibili e un andamento monocorde e routinario: questo tipo di attività a tempo pieno carica infatti di ansia chi fatica a incanalarsi in un binario mentale prestabilito.
- *Il lavoro giusto.* L'ideale sarebbe avere due lavori part-time, in un settore professionale innovativo, in continuo mutamento, meglio se di tipo artistico o comunque in grado di valorizzare la creatività del soggetto, che fiorisce in un ambito aperto allo sviluppo. Bene sarebbe che si trattasse di lavori autonomi, che nascono in un modo e poco dopo vengono magari rimpiazzati da altro, prevedendo ruoli diversi, pur dovendo produrre un risultato concreto.

L'energia sali-scendi: devi trovare equilibrio e regolarità

La vita ha di per sé un andamento ondulatorio, ovvero non si modula secondo linee binarie e regolari. Il sali-scendi dell'energia, che ci porta a toccare punte massime di intensità lavorativa per poi farci piombare in momenti di totale apatia, non va contrastato o percepito come handicap, ma piuttosto vissuto come un movimento ciclico, che dobbiamo assecondare. Ciò significa che, in una visione più ampia del processo, le tanto paventate cadute di tensione, che ci fanno sentire totalmente privi di interesse, sono propedeutiche ai momenti di massima concentrazione, in cui vediamo attivarsi tutte le forze che albergano in noi. Per evitare di essere disorientati da questa continua oscillazione energetica, smettiamo di valutare positiva la fase crescente e negativa la fase calante, ricordandoci più volte al giorno che ciascuno di noi è una cosa, ma anche il suo opposto. Siamo sinceri, ma anche bugiardi; siamo attivi, ma anche pigri; siamo fedeli, ma anche infedeli.

L'ESERCIZIO SIMBOLICO
Giocare ai contrari
Ogni giorno, mentre stiamo per compiere un'azione che abitualmente facciamo in un modo, obblighiamoci a farla in senso opposto. Siamo soliti fare la colazione al bar il mattino? Oggi prepariamola a casa. Tendiamo a essere disponibili quando ci chiedono un favore? Oggi, con garbo, rifiutiamoci. Seguiamo sempre lo stesso tragitto per andare al lavoro? Oggi percorriamo una strada alternativa. Familiarizzando con le contraddizioni che sono in noi, anche nei momenti di massimo fervore, riusciremo a non perdere di vista quella passività che comunque ci appartiene. E quando la vedremo all'opera, non la combatteremo più, ma l'accetteremo come una parte altrettanto autentica del nostro essere.

Le regole d'oro

Mai portarsi troppo avanti. Obblighiamoci a resistere alla tentazione di fare oggi quello che potremmo fare domani. Per equilibrare la nostra tendenza energetica, dobbiamo infatti abituarci a prendere le distanze dalla nostra consueta foga. Molto meglio imparare a distribuire gli impegni in modo proporzionato.

Diplomatici, quando ci vuole. Se miriamo a stare bene, impariamo la diplomazia. In ufficio cerchiamo quindi di non essere troppo amichevoli né eccessivamente formali. Il che significa: non cediamo alla tentazione di togliere il saluto, ma neanche a quella di fare regalini fuori luogo. Soprattutto però, esercitarsi in diplomazia, per chi è animato da un'energia di alti e bassi, serve moltissimo a ritrovare l'equilibrio nei confronti delle fiammate e degli improvvisi cali di tensione.

Esercizio fisico per riequilibrare gli opposti. Per trovare un centro e un punto di equilibrio tra due opposti, dobbiamo imparare a recuperare i ritmi della costanza. Sono consigliabili tutte le attività lente, regolari e metodiche. Per esempio, una corsa al piccolo trotto è un ottimo esercizio da fare gradualmente, cominciando con cinque minuti al giorno fino ad arrivare a mezz'ora. Ripetere per almeno un mese consecutivo.

I rimedi naturali

La tisana: la rosa canina. A chi vuole ritrovare un'armonia e un equilibrio duraturi consigliamo durante le ore di lavoro di bere una tisana alla rosa canina. I fiori di rosa canina si distribuiscono sulla pianta proprio come l'andamento di questa energia, a "elettrocardiogramma", sia in alto che in basso. Se la fase energetica è calante, aggiungere alla tisana anche un cucchiaio di prugnolo, ottimo tonificante e ricostituente.

La piantina da tenere vicino: il grano. Per questo tipo di soggetto, che è esposto a frequenti oscillazioni, è urgente il bisogno di ritrovare un punto d'equilibrio. Niente di meglio che veder crescere vicino a sé un chicco di grano. Sulla scrivania, o comunque vicino al posto di lavoro, teniamo questa piantina. Mettere i chicchi di grano nella bambagia per un mese, tenendoli umidi, e poi trasferirli nella terra. Il grano simbolicamente è come il sole: massima concentrazione energetica e assolutamente bilanciata.

Il profumo: la lavanda. Questo profumo è un calmante e un riequilibrante del centro energetico. Indicato in tutti i casi di ipereccitabilità, aiuta a ritrovare e mantenere una concentrazione costante.

Il punto da massaggiare: le estremità. Anche durante le ore di lavoro, si può trarre beneficio da un leggero massaggio sui centri dell'equilibrio. Facciamo dei movimenti lenti e circolari sulla cervicale e sui piedi. E quando siamo a casa, ripetiamo questo esercizio massaggiandoci con olio di mandorle dolci (100 ml) in cui avremo diluito 4 gocce di olio essenziale di melissa e 4 gocce di olio essenziale di eucalipto.

- *Il lavoro sbagliato*. Evitare gli impieghi in cui si deve lavorare da soli scegliendo i tempi. È proprio lì che si rischia di ricadere nella trappola del "tutto e subito".
- *Il lavoro giusto*. L'ideale sarebbe lavorare insieme ad altri, perché il gruppo aiuta (quasi costringe) a fare propri cadenze e ritmi più distribuiti.

Energia formale: devi conquistare l'essenzialità

Questo tipo di temperamento prende forza dall'esterno, si ricarica energeticamente con tutto ciò che lo sollecita dal di fuori. Sa quindi godere dell'aspetto periferico ed esteriore delle cose che, se da un lato è stimolante per varietà, dall'altro può essere carente di sostanza. Per evitare di inaridirci in un'apparenza illusoria e scarna di significato, dobbiamo allora imparare a evitare il giudizio, che ci fa sentire costantemente schiavi del consenso degli altri, e portare questa nostra forza, attinta dall'esterno, a radicarsi e germogliare dentro di noi. Così, anche ciò che sembra futile o effimero viene interiorizzato e acquista un suo spessore.

Che vuol dire: un conto è avere un gusto estetico raffinato, che esprimiamo in tutte le scelte della nostra vita; un altro essere angosciati dal giudizio degli altri. Nel primo caso siamo passati dalla periferia al centro di noi stessi, nella nostra interiorità; nel secondo ci siamo invece arenati alla prima fermata!

L'ESERCIZIO SIMBOLICO

Impastare il pane

A casa mescolare acqua, farina, lievito, sale e impastare il pane. Non una deliziosa torta di mele, né tantomeno delle squisite frittelle, ma proprio il cibo che per tradizione serve a sfamare. Quando c'è il pane c'è tutto. Quindi, ogni giorno, invece di creare forme vuote e perdersi nel vago, dare realtà all'essenziale.

Le regole d'oro

Ecco alcuni consigli per uscire, passo dopo passo, dai percorsi obbligati dell'etichetta.

Egregio, dottore, professore: addio! Evitiamo di insistere nel chiamare le persone col loro titolo di studio. In una giornata, almeno un paio di volte, il "dottore" e il "ragioniere" possono essere aboliti.

Un no secco quando occorre. Impegniamoci, quando è no, a dire no senza troppi fronzoli. Sforzandoci di abolire i convenevoli, arriveremo subito al nocciolo della questione e, soprattutto, accetteremo l'idea che lo scontro diretto, pur se d'acchito sgradevole, può essere l'unica via per risolvere un'annosa controversia.

Abbigliamento spartano. Un paio di volte la settimana, alziamoci mezz'ora dopo e decidiamo cosa indossare all'ultimo minuto. Niente cravatta o foulard e bracciali e altri accessori. In una parola: abbigliamento spartano. Al limite dell'essenziale.

Vietato stare fermi con le mani. Quando parliamo coi colleghi, liberiamoci di occhiali, penne o appunti. E largo al non verbale, per svelare emozioni e pensieri.

Via libera all'improvvisazione. Invertiamo ogni tanto l'ordine delle cose da fare nella giornata.

Mai soffocare la curiosità. Abituiamoci a chiedere, senza paura. Anche le cose più indiscrete.

I rimedi naturali

La tisana: ibisco, equiseto, corteccia di quercia. Beviamo ogni giorno 3 tazze di tisana a base di questi ingredienti (un cucchiaino ciascuno in una tazza di acqua bollente, da lasciare in infusione per 10 minuti; filtrare e bere). Hibiscus: il colore rosso, la leggerezza delle foglie e il brevissimo ciclo vitale lo associano analogicamente all'amore. Equiseto: per ritrovare il punto di equilibrio tra il polo mentale e il metabolico. Corteccia di quercia: per ritornare al proprio centro.

La piantina da tenere vicino: l'avena. L'avena può essere considerata a ragione il più elegante dei vegetali. La sua spiga dondola al primo soffio di vento, come fosse in balia dell'incessante scorrere degli eventi. Ben rispecchia l'habitus dell'energia formale, ma è anche sinonimo di nutrimento e vita. È inoltre simbolo della musica e dell'armonia. Per vederla crescere sana è sufficiente tenere il seme nella bambagia umida per una quarantina di giorni, poi interrare.

Il profumo: la verbena. Pianta mercuriale, la verbena facilita le relazioni sociali, gli scambi, i contatti. Il suo profumo stimola la comunicazione, rinforza la capacità di concentrazione e favorisce le intese profonde.

Il punto da massaggiare: le gambe. Sul lavoro, massaggiamo più volte al giorno le gambe, per riattivare la circolazione periferica e veicolare il flusso vitale verso il cuore, centro dell'essere. A casa ripetiamo l'operazione con una goccia di essenza di rose, diluita in olio di mandorle dolci.

Attenzione a cosa scegli

- *Il lavoro sbagliato.* Sconsigliate le professioni che richiedono attitudini per il manuale e le attività di concetto: cercare il pelo nell'uovo non è il nostro forte.
- *Il lavoro giusto.* Indicati i lavori a stretto contatto col pubblico: settore terziario, pubbliche relazioni. La tendenza all'equilibrio delle forme fa privilegiare l'aspetto estetico di ogni cosa.

Ricordati che...

- *Energia diretta all'obiettivo*: dobbiamo imparare a muoverla anche in direzioni diverse dal fine prefisso.
- *Energia labirintica*: è necessario fermarci e ricontattare le nostre radici.
- *Energia sali-scendi*: quello che ci manca è equilibrio e regolarità.
- *Energia formale*: non perdiamoci nella periferia delle cose, ma conquistiamo l'essenzialità.

Come gestire al meglio le relazioni in ufficio

Cosa avremo mai detto di così sbagliato da suscitare una reazione tanto imprevedibile? Da qualche giorno il collega non ci invita più a bere il caffè delle undici: che si sia offeso perché abbiamo tentato di sottrarci ai suoi continui lamenti? Ci riteniamo persone equilibrate e serene, ma quando il capo comincia a urlare perdiamo l'orientamento e ci ritroviamo disarmati come bambini...

Imparare a osservarsi per cogliere le caratteristiche del nostro stile comunicazionale è il modo migliore per guarire i difetti cronicizzati che ci rendono difficili le relazioni coi colleghi o col capo. Proviamo allora ad ascoltarci, a guardarci e a fare alcune considerazioni sulle risposte dei nostri interlocutori: se ci evitano, se di fronte a certi atteggiamenti restano perplessi, se ci fraintendono, significa che le regole che seguiamo nella comunicazione non funzionano e diventa urgente cambiare strategia. Perciò abbiamo selezionato diversi stili comunicativi, quelli in cui possiamo riconoscere noi stessi, ma anche il collega o il capo. Per ognuno suggeriamo le modalità da seguire per correggere gli errori e le regole cui attenersi per relazionarci con chi aderisce a quel modello.

Se dici sempre no, è segno che non vuoi dialogare

«*Secondo me, sarebbe utile contattare...*» «*No, non sono d'accordo, non la vedo in questo modo.*» «*E allora cosa potremmo fare?*» «*Non so, ma quella non è la strada giusta.*» Chi inizia sempre il discorso o avvia la risposta con una negazione, cerca inconsciamente di non stimolare affatto il dialogo; i numerosi no che utilizza, in senso metaforico, possono esser paragonati a tanti mattoni con i quali costruisce un muro, ovvero una barriera per allontanarsi e difendersi dal suo interlocutore. O meglio, ciò da cui realmente tenta di proteggersi sono i possibili cambiamenti che la discussione con l'altro potrebbe innescare: chiuso nel suo mondo e arroccato nelle sue idee il capo conservativo non permette a nessuno di incrinare le sue certezze, mettendolo in crisi. Poco gli importa ciò di cui si sta parlando: appena avverte odore di cambiamento resiste e si oppone con il "no, non sono d'accordo", suo cavallo di battaglia.

Una variante di questo stile comunicativo, che esprime altrettanto bene il desiderio di non entrare in relazione con l'altro su argomenti che potrebbero mettere a dura prova le proprie sicurezze, è quella di chi controbatte subito, interrompendo la discussione con frasi del tipo "non sono il tipo adatto... non sono capace... non posso farlo".

Nel primo caso, sottolineando le proprie scelte e differenze, il soggetto tutela e difende il suo spazio, impedendo all'altro di interferire, anche solo a parole. Nel secondo caso invece, chi tende a denunciare apertamente, in modo sbrigativo, la propria incapacità e i propri limiti sceglie di porsi in una condizione di inferiorità e di dipendenza, opta per una sorta di resa totale che lo protegge dall'ansia di poter fallire un compito che l'altro potrebbe richiedere.

La strategia da seguire

Per chi ha fatta propria la filosofia della negazione, ecco un suggerimento da seguire: continuare a dire di no, ma sforzarsi di proporre alternative e non concludere mai un discorso senza aver tentato una soluzione diversa.

All'inizio non sarà facile, ma proviamo a farlo, magari per le prime volte da soli, a conversazione avvenuta. Piano piano, ci risulterà sempre più facile discutere con gli altri, liberi dal timore di perdere il nostro equilibrio. In questo modo, inoltre, scongiureremo un pericolo ancora più grave: irrigidirsi su posizioni precostituite che non lasciano spazio a nessun tipo di scambio né ad alcun cambiamento.

COME RELAZIONARSI CON UN COLLEGA COSÌ

Se ad arroccarsi sul "no comunque" è il capo, il modo migliore per superare l'impasse e garantirsi l'ascolto è quello di non perdersi mai in premesse inutili, bensì entrare subito nel nocciolo della questione e proporre iniziative concrete, corredate di garanzie a prova di bomba. Meglio ancora, per vincere la sua resistenza, affiancare alla proposta verbale una relazione scritta, che valuti in modo analitico i possibili rischi e il modo di evitarli. La sicurezza, abbinata a una precisa disamina del problema, vincerà la sua diffidenza.

Stai sempre zitto? Ti aspetti troppo dagli altri

Chi sta sempre zitto tende a dare per scontato che alcune situazioni o comportamenti stimolino nell'altro la risposta prevista. Questo tipo di comunicazione è tipica di chi, secondo la psicologia cognitiva, utilizza in modo eccessivo la cosiddetta "lettura della mente": senza il bisogno di verificare, ritiene di sapere cosa pensano e di cosa hanno bisogno gli altri e, allo stesso modo, si aspetta che gli altri sappiano tempestivamente esaudirlo.

Dietro questa pretesa, che può apparire del tutto irrazionale, si nasconde in realtà il bisogno di essere costantemente amati e accuditi, senza bisogno di chiederlo, nel momento stesso in cui sorge la necessità. Esattamente come fa il bambino piccolo che si sente nel pieno diritto di avere tutto e subito o di veder esaudito ogni suo desiderio. E se ciò non accade o se si sbagliano i tempi, non è più possibile porvi rimedio: lunghi silenzi, sguardi di disapprovazione o gesti di stizza sono il modo per dire "visto che non mi hai dato quello che volevo al momento giusto, adesso non lo voglio più!". Comportamento, questo, che rappresenta l'unica difesa possibile in quel momento nei confronti di una ferita o di una delusione profonda di tipo affettivo.

Questo stile comunicazionale nasconde però anche il tentativo di non affrontare i problemi da adulto, per evitare un rapporto paritario con l'interlocutore. Meglio allora evitare le discussioni, allontanare il rischio di ogni possibile critica e rimanere calato nel ruolo dell'eterno incompreso.

La strategia da seguire

Come fa l'altro a sapere ciò che desidero o penso se non glielo dico? Per evitare di sentirci degli eterni incompresi, sforziamoci di manifestare a parole e non solo con gli atteggiamenti la nostra delusione o il nostro scontento. Non dobbiamo avere il timore di esporci alle critiche dell'interlocutore: le sue osservazioni potrebbero essere l'occasione per vedere la situazione da un altro punto di vista e aiutare a risolverla.

Inoltre, chi vuole tutto e subito deve fare i conti con i tempi e le modalità dell'altro: quindi, non rifiutiamo l'eventuale intervento "riparatore" dell'interlocutore, solo perché è arrivato in ritardo rispetto alle nostre esigenze. Concediamogli più tempo e, ancora una volta, parliamogli francamente: questa disponibilità di attesa e i nostri suggerimenti potranno aiutarlo a rivolgersi a noi nel modo più congeniale.

COME RELAZIONARSI CON UN COLLEGA COSÌ

Per quanto il mutismo sia un atteggiamento che incute diffidenza e soggezione, non dimentichiamo che dietro questa maschera si cela una pretesa soprattutto affettiva. Ragione per cui, nei limiti della complicità che si può intrattenere in ambito lavorativo, pazientiamo quanto basta per confermare al capo o al collega la nostra intenzione di soddisfarlo. Allo stesso modo rivolgiamogli domande d'interessamento sulla sua persona sempre modulate sul filo di una confidenza... a distanza, che gli faccia sentire un interessamento reale, coniugato al rispetto della sua posizione.

«Io... io... io...»: mettersi sempre al centro può bloccare il dialogo

«*Quest'estate sono stato in Costa Azzurra.*» «*Anch'io la adoro, anzi la volta in cui...*» È la comunicazione tipica delle persone accentratrici, che amano parlare a lungo di sé, abilissime a prendere al volo la parola e a monopolizzare il discorso, che portano avanti senza curarsi di quanto possa interessare agli altri. L'abitudine di parlare sempre in prima persona il più delle volte rivela la necessità di ribadire continuamente la propria presenza, bisogno che a sua volta nasconde una profonda insicurezza.

Infatti, non è il desiderio di competere e primeggiare sugli altri che spinge a comportarsi così, quanto l'esigenza di confermare, soprattutto a se stessi, la propria esistenza. Allora, ogni occasione è buona per raccontare qualcosa di sé ed esprimere la propria opinione, nel tentativo di esorcizzare il timore di non avere peso, di venir considerati poca cosa, di essere invisibili. In questo senso, l'interlocutore non viene affatto considerato e ciò che ne risulta è una sorta di conversazione unidirezionale.

Della stessa sindrome soffrono coloro che utilizzano nelle loro conversazioni un tono di voce sempre più alto del normale, garantendosi il fatto di essere sentiti e quindi riconosciuti.

La strategia da seguire

Chi utilizza questo stile comunicativo difficilmente si accorge di riportare sempre il discorso su di sé, sovrastando gli altri con la propria voce e le proprie parole. È importante, invece, rendersi conto di quanto stiamo esagerando. Impariamo allora a osservare l'altro: potremo riconoscere alcuni gesti e comportamenti di intolleranza, tipici di chi non ci sopporta più. Per sentirci più interessanti e maggiormente accettati da chi ci ascolta, è altrettanto importante accattivare il nostro interlocutore. Esplicitare tutto quanto, essere puntigliosi nei riferimenti personali, manifestare apertamente il proprio punto di vista fa sì che gli altri abbiano la sensazione di sapere già tutto di noi, rendendoli meno invogliati a ricercarci.

Proviamo, invece, a creare attorno a noi un alone di mistero, raccontando solamente brevi episodi, senza mai esaurirli completamente. In questo modo potremo incuriosire chi ci ascolta e sarà proprio lui a chiederci ulteriori dettagli o a intrattenerci per avere un nostro parere.

COME RELAZIONARSI CON UN COLLEGA COSÌ

- Proviamo inizialmente con lo sguardo: dimentichiamo il galateo ed esprimiamo disinteresse e insofferenza guardando altrove insistentemente, osservandoci più volte le unghie delle mani e occhieggiando l'orologio.
- Se lui non desiste, cominciamo a tamburellare le dita sul tavolo o a muovere ritmicamente la gamba o il piede, accompagnando questi gesti con sospiri profondi.
- Se abbiamo la possibilità di fare qualche intervento, manteniamo il tono della voce molto più basso del suo e, soprattutto, un eloquio un po' cantilenante e senza pause. In questo modo lui non avrà più chance: per nulla interessato alle vostre parole, infastidito dal tono e impossibilitato a parlare di sé, si congederà con una scusa per rivolgersi a qualcun altro.

Mentre parli... placchi l'interlocutore

Trattenere per un braccio, cingere le spalle dell'interlocutore, parlargli stando vicinissimi. Sono modalità comunicative inequivocabili: lasciano trapelare una forte aggressività verso l'altro. "Mettere le mani addosso" a qualcuno ha un significato molto preciso anche se spesso chi lo fa non è consapevole di essere così irritato con la persona che gli sta di fronte. A volte il "corpo a corpo" è sfumato, si manifesta con una interminabile stretta di mano o con ripetute e fastidiose toccatine sulla spalla.

Una variante al tema è offerta da chi parla a due centimetri dal naso altrui: anche collocarsi a distanza ravvicinata rimanda al desiderio di "andar sotto" all'interlocutore, facendogli percepire la nostra presenza tanto da creargli disagio e fastidio, guardandolo fisso negli occhi.

Naturalmente questa modalità comunicativa è la migliore per esasperare chi ci sta di fronte, ma non aspettiamoci alcun esito costruttivo dalla conversazione. Piuttosto può essere opportuno assumere un atteggiamento ancora più esplicito, chiarendo, senza mezzi termini, il nostro disaccordo. Ovvio che i nostri interlocutori, percependo un'atmosfera carica di aggressività, saranno immediatamente portati ad attaccarci a loro volta o a sfuggirci.

Viceversa, se siamo convinti che non si tratti di aggressività, dobbiamo considerare che tra i tre canali di comunicazione (visivo, uditivo, cinestesico) stiamo sfruttando troppo intensamente l'ultimo.

La strategia da seguire

Può essere opportuno "legarci le mani" metaforicamente ed evitare nella maniera più assoluta di avvicinare il nostro interlocutore (tenendo una distanza di almeno due metri), cercando di tradurre in parole quanto siamo abituati a esprimere col corpo. Una pacca sulla spalla diverrà "ti voglio testimoniare tutta la mia solidarietà"; una mano trattenuta si potrà trasformare in "devo dirti qualcosa di importanza vitale"; il parlare addosso all'altro si tradurrà subito in... una discussione accesa.

In questo modo il linguaggio corporeo eviterà di soffocare quello verbale, ritornando a occupare un ruolo più sfumato. E se vogliamo esprimere aggressività, facciamolo in modo più diretto, in quanto ciò può rivelarsi estremamente proficuo: dopo una discussione accesa o una solenne litigata, è più facile arrivare a qualcosa di costruttivo.

Anche qualora ci accorgessimo che l'utilizzo preponderante del corpo nel nostro modello comunicativo è frutto solo dell'abitudine, riportiamolo nei ranghi, facendogli rispettare appunto... la distanza regolamentare!

COME RELAZIONARSI CON UN COLLEGA COSÌ

- L'importante, con un interlocutore del genere, è sottrarsi fermamente alla sua vicinanza obbligata, per esempio muovendosi: parlare camminando può essere uno stratagemma efficace per evitare di sentirsi "placcati" durante la conversazione.
- Altrettanto utile è difendersi dal contatto troppo ravvicinato con un oggetto-barriera: per esempio una cartelletta di pratiche, che farà da scudo simbolico ai suoi tentativi di "colpirci" parlando.
- Se ad attuare questo stile comunicativo è il capo, vediamo di fare molta attenzione al "setting" della conversazione: se dobbiamo parlargli di qualcosa di importante, evitiamo di farlo quando capita, in corridoio o davanti alla macchina del caffè, preferendo situazioni più strutturate, tipo il suo ufficio, in cui la distanza di sicurezza sarà garantita dalla presenza della scrivania, che dividerà come una barriera le nostre due poltrone.

Se non arrivi mai al nocciolo, infastidisci chi ti ascolta

Parla, parla, parla... Un fiume di parole che non arriva mai al centro del discorso. All'interlocutore non rimangono che due possibilità: scappare o subire la tortura. Quante volte ci siamo trovati a inventare una scusa per non intrattenerci con un amico logorroico? O ad annuire di fronte a una persona che parla, anche se da almeno dieci minuti non stiamo più seguendo il senso di ciò che dice? Difficile è accorgersi quando, ad adottare questo stile comunicativo, siamo proprio noi.

Il difetto principale di questo atteggiamento risiede nella mancanza di sintesi, ovvero nell'incapacità di proporre fin dall'inizio, in maniera concisa, ciò che si vuole dire. Mettendo così a dura prova l'ascolto dell'interlocutore che, dopo qualche minuto di attenzione, si difende dalla valanga di parole che gli arrivano distraendosi o andandosene.

Anche allargare all'infinito il discorso, facendo una serie di associazioni ed esempi concatenati, oppure non concludere mai un argomento saltando di palo in frasca portano alla stessa reazione.

Spesso questi atteggiamenti mascherano l'incapacità, più o meno inconsapevole, di parlare espressamente di ciò che ci sta veramente a cuore o, comunque, di affrontare un tema spinoso: la conversazione rimane superficiale e si evita così il confronto sull'argomento che ci spinge a dialogare con l'altro. Si riconoscono spesso in questa modalità comunicativa le persone che mirano a essere molto popolari e gradevoli: tendono a sdrammatizzare le situazioni e a mettere a loro agio gli altri, evitando qualsiasi tipo di conflitto. Sono di solito persone che rimangono un po' in superficie, nel senso che, se da un lato sono molto abili nel mediare e ricomporre le situazioni, dall'altro, quando si tratta di essere assertivi e centrati su qualcosa che potrebbe suscitare nell'altro una reazione negativa o una discussione, si rivelano completamente vaghi e inconcludenti.

La strategia da seguire

Oggi abusare della pazienza altrui è un vero delitto. Nessuno ha più tempo da perdere, tantomeno per sentire le nostre circonlocuzioni verbali. Quindi, se vogliamo farci ascoltare e mantenere viva l'attenzione dell'interlocutore, seguiamo queste indicazioni.

Evitiamo di costringere l'interlocutore a seguirci in tortuosi giri di parole e rendiamo il messaggio facile da capire, utilizzando periodi brevi e di senso compiuto (un soggetto, un verbo e un complemento oggetto).

Facciamo attenzione alle parole e alle frasi straniere, alle citazioni e ai riferimenti inutili: sono tutti da evitare accuratamente. La semplicità del discorso ci aiuterà a essere concisi.

Focalizziamo il centro del discorso (per questo possiamo esercitarci da soli prendendo articoli e piccoli brani di cui estrapolare il senso in un'unica frase) e andiamo dritti al punto della questione senza perderci in descrizioni superflue.

COME RELAZIONARSI CON UN COLLEGA COSÌ

Il modo migliore per arginare il fiume di parole di chi abbiamo di fronte è riportarlo in campo con frasi come "certo, capisco, ma torniamo a monte...", "hai ragione, ma quello che conta adesso è...", "scusa, ma ho i minuti contati. Cosa volevi dirmi?". Per addolcire il tono perentorio dei nostri richiami al nocciolo della questione, possiamo aiutarci con il linguaggio corporeo: espressione distesa; quando serve, un sorriso; attenzione manifestata con lo sguardo, a far da contraltare a un tono di voce fermo, per fare percepire al collega la "solidità" del nostro messaggio, rispetto alla vacuità del suo.

Alzare la voce per imporsi

A un certo punto del discorso il tono della voce sale alle stelle e, più delle parole, all'interlocutore restano impresse le urla. L'urlo è una modalità comunicativa tipica dei nostri giorni, dove il sovrapporsi con forza alla voce altrui è diventata un'abitudine: basta seguire un talk-show televisivo per rendersi conto di quanto il sovratono e l'offesa siano diventati ormai una routine.

Questa "comunicazione da giungla", in apparenza originata da una mancanza di stile, può essere interpretata come aggressività troppo a lungo trattenuta, che dirompe non appena gliene viene offerta l'occasione. Il tono di voce che si impenna ricorda infatti un mondo emotivo compresso che si accende per un nonnulla, soprattutto quando si è stressati, insoddisfatti, sempre di corsa.

Ma a fianco di questa irritabilità collettiva, si colloca la "comunicazione urlata" vera e propria, quella del capufficio per esempio, che ha un ruolo di comando e di responsabilità e lo fa rilevare ai subalterni a suon di strilli. Questo modo di relazionarsi, però, rischia di produrre scarsi (o nulli) effetti: in primo luogo crea una comunicazione a senso unico, senza possibilità di replica. In secondo luogo l'urlo è di frequente sinonimo solo dell'impotenza di chi lo emette. "Cane che abbaia non morde" diranno, e con questa battuta liquideranno sia il problema, sia il... capo.

La strategia da seguire

Per non perdere la credibilità e ottenere ciò che vogliamo, alle minacce urlate dobbiamo far seguire assolutamente i fatti. Non è necessario assumere sempre uno stile terroristico e martellare gli interlocutori a ogni piè sospinto: è sufficiente che, ogni tanto, si avveri quanto è stato promesso. È in fondo una questione di coerenza: "fatti, non parole" potrebbe essere il nostro motto in fase di recupero. Conquisteremo la stima e la fiducia dei collaboratori e dei dipendenti se faremo loro comprendere che, al di là delle escandescenze, hanno di fronte una persona che sa quello che dice.

Meglio inoltre ridurre la portata delle minacce: in primo luogo si avranno meno remore nel tradurle in pratica; in seconda istanza, più dell'entità della "pena" da scontare, conta per chi la subisce la certezza di doverla scontare.

COME RELAZIONARSI CON UN COLLEGA COSÌ

A rendere difficoltosa l'interazione con un capo del genere è la connotazione emotiva di cui carichiamo l'urlo dell'interlocutore: può risuonare in noi infatti come l'eco delle sgridate che subivamo da bambini da parte di un padre autoritario, che inibiva ogni replica alzando la voce. È importante allora, se abbiamo a che fare con un superiore così, scorporare la sua figura da quella genitoriale introiettata e ristabilire dentro di noi i confini tra noi e lui, all'interno di un ruolo professionale gerarchico che comunque non deve contemplare le stesse dinamiche irrisolte che intratteniamo ancora nei confronti del padre. Quello che dobbiamo sapere sempre è che non lavoriamo per ottenere il plauso del capo o il suo consenso, ma per assolvere la nostra funzione. Non dimentichiamolo.

«Fidati di me.» E decide per gli altri

«Avrei delle perplessità rispetto al cliente che abbiamo contattato. Credo sia il caso di riaprire le trattative...» «No, non ce n'è motivo. La strada che abbiamo scelto è senz'altro la migliore. Fidati di me!» In questo tipo di dialogo, alle perplessità e alle richieste di una migliore indagine del primo interlocutore, il secondo non risponde in modo consequenziale, analizzando oggettivamente i pro e i contro della situazione, ma introduce un elemento che sposta nettamente l'asse della comunicazione, ovvero il "fidati di me".

L'espressione "fidati di me", infatti, chiama in campo un aspetto magico-religioso, irrazionale, che non ha niente a che fare con le regole del ragionamento logico. Chi si sente dire così viene sbalzato improvvisamente in un altro mondo, in cui gli si richiede unicamente un atto di fede, una fiducia cieca.

Per ottenere questo, però, occorre avere determinati requisiti e aver strutturato con il proprio interlocutore un rapporto privilegiato. Per esempio il capo con i collaboratori, una relazione in cui l'esperienza, il ruolo e la competenza garantiscono l'efficacia del messaggio, soprattutto quando il destinatario è una persona insicura, inesperta o impaurita.

Questo tipo di comunicazione si rivela fallimentare quando ci si trova di fronte un individuo che aspetta un trattamento alla pari e non è disposto farsi congedare in quattro e quattr'otto, senza aver avuto la possibilità di confrontare le proprie idee.

La strategia da seguire

Se occupiamo un ruolo che lo consente e riteniamo di essere nella posizione per poter utilizzare questo stile comunicazionale, ricordiamo alcune regole.

Evitiamo il "fidati di me" se desideriamo mantenere un rapporto costruttivo: queste parole, infatti, troncano lo scambio, rischiando di provocare reazioni di delusione e rabbia nell'altro.

Non abusiamo di questo messaggio: non ripetiamolo troppo spesso e per qualunque cosa. Rischieremmo di indebolirlo e di vanificarne gli effetti, diventando per il nostro interlocutore il contrario di ciò che vorremmo, e cioè una persona inaffidabile.

Per liberarci di un soggetto apprensivo e assillante che sta disturbando il nostro lavoro con continue richieste di spiegazioni diciamogli pure «Fidati, è così come ti dico», magari accompagnando le parole con un gesto rassicurante. L'effetto è garantito. Disarmato, se ne andrà lasciandoci finalmente in pace.

Per concludere una trattativa le parole "si fidi, lasci fare a me" convinceranno l'interlocutore (se è già favorevolmente impressionato dalla serietà e dalla bravura con cui stiamo presentando la nostra offerta) a mettersi nelle nostre mani e a credere nella nostra professionalità.

COME RELAZIONARSI CON UN COLLEGA COSÌ

Se il nostro capo o il nostro diretto collaboratore hanno l'abitudine di rispondere alle nostre perplessità coi "fidati di me", il modo migliore per non cadere nella rete è attivare un atteggiamento paritario, che faccia apparire inadeguato il tono paternalistico con cui si sono rivolti a noi. Saldi sui contenuti, evitiamo di chiedere la loro attenzione con tono allarmato o spaventato, ma, anche di fronte a eventuali difficoltà, dimostriamo di avere il dominio della situazione.

Se ti lamenti sempre, l'interlocutore scappa!

«*Hai visto che bella giornata?*» «*Sai che mi importa, è un periodo che non me ne va dritta una. Devi sapere che...*» Esistono persone che non comunicano: si lamentano. Di ogni evento fanno un dramma e qualsiasi soluzione si proponga loro non sarà mai sufficiente a risolvere il problema. Le si riconosce subito, in primo luogo per l'aspetto di vittima e soprattutto dalle frasi con cui iniziano solitamente le loro conversazioni: «Ma, come vuoi che stia..., non me ne parlare..., sapessi che periodo..., capitano tutte a me...». A spingerle in questo ruolo è la convinzione inconscia di poter essere amati solo se stanno male. Recitano così il ruolo del lamentoso nel tentativo di ottenere conferme e attenzioni. Ma questo continuo aspettarsi dall'altro conferme e rassicurazioni le espone al rischio di delusioni, che diventano ulteriori oggetti di lamentele.

Lamentarsi sempre quindi non serve, anzi, è pericoloso: chi ascolta, infatti, non può reggere a lungo il continuo confronto col dolore, con la negatività, col pessimismo cosmico, senza mai avere la sensazione di potervi porre rimedio, visto che ogni consiglio cade nel vuoto. Quello che c'è da comprendere è che avere un problema non ci garantisce l'ascolto e l'appoggio degli altri. Al contrario, genera nell'interlocutore (che è poi la vera vittima) una frustrazione tale da indurlo a diradare sempre più i rapporti. Dando a noi un ulteriore motivo per lamentarci.

La strategia da seguire

Per rompere questo circolo vizioso riordiniamo mentalmente le situazioni di cui ci lamentiamo più spesso e individuiamo poche vittime designate. A ciascuna di loro raccontiamo una sola lamentela per volta, cercando di riportare gli avvenimenti nel modo più realistico possibile, e terminiamo la conversazione con questa domanda: «*Ma secondo te, c'è qualcosa di buono in tutto questo?*».

Così facendo potremo raccontare ciò che ci pesa, senza buttare tutto addosso all'altro; trattenere l'interlocutore che, invitato a riconoscere gli aspetti positivi di ciò che diciamo, si sentirà coinvolto; avere un nuovo dato, ovvero il commento dell'altro, col quale controbilanciare la negatività e rivedere le lamentele.

COME RELAZIONARSI CON UN COLLEGA COSÌ

Se non vogliamo diventare il bersaglio preferito del collega lamentoso, evitiamo assolutamente di rispondergli con un "anch'io". Se cadiamo nella trappola di raccontare i nostri guai, diventeremo irresistibili ai suoi occhi, perché si riconoscerà in noi, eleggendoci a interlocutore permanente. Meglio un laconico "certo..., capisco...", cui far seguire un'espressione proverbiale o di uso comune, del tipo "è proprio vero che ce n'è sempre una..., il male non viene mai da solo". Altro modo sicuro per proteggerci dai tentacoli di un lamentoso è non dare consigli: se lo facciamo, creiamo con lui una rete di dipendenza che non ce lo farà più scollare di dosso!

L'amore in ufficio: sì o no?

L'amore in ufficio è una realtà comune a molti, che merita per questo una riflessione. Da un recente sondaggio, effettuato su 100 intervistati (età media 35 anni), il 35% conferma di aver avuto almeno una storia sentimentale nata in ambiente lavorativo. Per la maggioranza di costoro (65%) si trattava di una storia extraconiugale, soprattutto motivata dal bisogno di uscire dalla routine e di riaccendere la fantasia e l'erotismo.

In effetti le cosiddette "storie lavorative" sembrano nascere più dall'attrazione e dal desiderio che dal sentimento; durano in media qualche mese, quasi mai più di un anno. Anche per chi è libero da vincoli, difficilmente finiscono in convivenza o matrimonio.

Sulla base di questi dati, possiamo affermare che un amore in ufficio può non creare problemi se ha come punto cardine l'attrazione sessuale: lì inizia e lì finisce. Diviene invece deleterio, spesso molto deleterio, quando si ricopre di sfumature sentimentali e affettive, dove i ruoli vengono confusi.

LA STORIA DI MAURA

Valga per tutti il rapporto capo-segretaria, come testimonia la storia di Maura, 28 anni, da tre coinvolta in una relazione col suo capo. Mentre lui ha chiare fin dall'inizio le regole del gioco e non le nasconde che la sua attrazione è puramente fisica, Maura si innamora, comincia a soffrire delle frustrazioni tipiche dell'amante ed entra in conflitto anche coi colleghi, che, sospettando il suo legame, la emarginano dal gruppo. Non solo: anche le ambizioni di carriera di Maura hanno una brusca battuta d'arresto. Per non lasciare il suo ruolo, che le dà la garanzia di una continuità di rapporto con l'amante, rinuncia a una promozione. Entrata in psicoterapia per una grave forma di gastrite, che la paziente paragona alla «morsa in cui si è ingabbiata e che non le lascia respiro», Maura non sa più cosa decidere per la sua vita. Da un lato è attratta dal ruolo di segretaria-geisha, che le garantisce una continuità di piccoli gesti quotidiani che cementano in lei questo legame; dall'altro è consapevole del fatto che questa storia dall'esito impossibile (lui non lascerà mai la moglie) le impedisce di conoscere altri uomini e di sviluppare il suo potenziale professionale.

Che fare allora quando Cupido scaglia la sua freccia in ambiente lavorativo? Prima di tutto poniamoci la domanda fondamentale, sia che ci si trovi in zona di comando, sia che si occupino posti esecutivi: sarò capace poi di mantenere il mio ruolo? Non cercherò di invadere o chiedere di più professionalmente a chi è coinvolto nel legame con me? Se siamo capaci di separare i rapporti affettivi da quelli professionali, possiamo concederci anche questo sentimento, altrimenti è meglio rinunciare in partenza o sapere che seguiranno delusioni, amarezze e guai.

L'amicizia è un rischio

Anche l'amicizia sul lavoro, come l'amore, è qualcosa di molto rischioso. Un'aspettativa giusta su chi consideriamo come amico è infatti quella che entri in intimità con noi. Salvo poi, al primo attrito professionale, trovarci attaccati proprio nei nostri punti più vulnerabili. È allora importante saper vivere con disinvoltura i due piani, professionale e privato, sui quali questi rapporti si modulano, imparando a non personalizzare gli eventuali conflitti lavorativi, traducendoli in aggressioni subite o agite nei confronti dell'altro. Dato che riuscirci non è facile, riserviamo l'amicizia ad altri ambiti e sul lavoro evitiamo di raccontare a tutti, nell'illusione di creare un'atmosfera di complicità affettiva, i fatti nostri!

A questo proposito, per mantenere la nostra privacy, abituiamoci almeno 2, 3 volte la settimana a ritagliare uno spazio per noi stessi, per esempio la pausa pranzo. Mangiare da soli è un modo per reincontrare se stessi e, ritrovata la propria identità, rituffarsi nel gruppo.

Altra regola da rispettare sempre è non parlare male degli altri. Il rischio che le nostre considerazioni vengano travisate come manovre carrieristiche è altissimo. Quindi, ciò che diciamo oggi potrebbe arrivare tra due giorni, completamente stravolto nel suo significato originario, alle orecchie di qualcun altro. È preferibile che ciascuno si formi da solo la propria opinione.

Ricordati che...

Ecco le regole comunicative per relazionarsi bene coi colleghi e col capo.

- Non raccontare la propria vita privata
- Essere sintetici nel parlare
- Esprimere un concetto alla volta
- Evitare i riferimenti al passato
- Imparare a comunicare col corpo
- Cercare sempre di essere pratici negli interventi
- Osservare l'interlocutore per parlare al momento giusto

Trasforma il posto di lavoro in un luogo di benessere

Secondo i più recenti sondaggi ben il 28% degli italiani ha preso l'abitudine di portarsi sul posto di lavoro oli essenziali e fiori di Bach, come pronto soccorso naturale per sedare nervosismo e stress derivanti dalla convivenza coi colleghi e dal carico degli impegni. Non solo: anche l'alimentazione durante la pausa pranzo si sta modificando. Al classico panino al bar di sotto si stanno sempre più sostituendo pranzi portati da casa, a base di alimenti digeribili e ipocalorici. Ciò significa che in una buona percentuale di noi, destinata ad aumentare nel tempo, si sta radicando il concetto che l'ambiente di lavoro, nel quale trascorriamo un terzo della nostra giornata, deve diventare un luogo di benessere.

Trovare la posizione giusta

Se possiamo scegliere la posizione all'interno del nostro ufficio, il Feng Shui (l'antica teoria cinese secondo la quale bisogna liberare con particolari accorgimenti lo "spirito" di un luogo per trarre benessere) offre questi suggerimenti.

Non optiamo per la zona davanti all'ascensore, perché genera energia negativa.

Rimaniamo il più possibile lontani dal parcheggio, soprattutto se sotterraneo: il movimento dei veicoli ha un effetto destabilizzante.

Evitiamo di mettere la sedia sotto un fascio di radiazioni "scoperto", che frantumerebbe un potenziale successo.

Sistemiamoci di fronte a una finestra o a un oggetto quadrato (quadro, pannello ecc.).

Circondiamoci di piante specifiche, collegate secondo il Feng Shui ai cinque elementi: il giacinto, pianta verticale ricca di vivificante energia, utile per darsi una spinta nei momenti di superlavoro; la palma, che reca con sé una vibrante energia Yang, di fuoco, ideale per gli angoli "morti"; il giglio, che ha un effetto calmante sulle aree adibite all'utilizzo di computer e che trae beneficio dalle radiazioni elettriche.

I trucchi per evitare i chili da... lavoro

Nervosismo e ritmi pesanti, tensioni col capo e conflitti coi colleghi: e il cibo diventa la valvola di sfogo del malessere. Tant'è che è proprio sul posto di lavoro che si finisce con l'accumulare peso superfluo. Colpa di cosa? Panini rompifame al bar di sotto, barrette al cioccolato al distributore di snack, piatti ipercalorici alla tavola calda all'angolo. E se la vita lavorativa deprime, al rientro ci si abbuffa per la cena davanti alla televisione, per poi cadere esausti sul divano, meta conquistata dopo una giornata di stress.

Eppure sono sufficienti piccoli accorgimenti per trasformare l'ambiente di lavoro da luogo ad alto rischio per la linea in uno spazio che può favorire la perdita di peso. Ecco qualche suggerimento.

Riordinare il proprio posto. Mangiare su una scrivania disordinata, in un angolo ritagliato tra cartelle, pratiche sospese e appunti accatastati, invita a consumare più cibo, in fretta e in modo scriteriato. Il caos dello spazio in cui ci muoviamo infatti, proiettandoci sul lavoro ancora da svolgere, si traduce pari pari in disordine alimentare.

L'importanza dell'apparecchiatura. Buona norma è ritualizzare il momento del pranzo, apparecchiando con un minimo di cura. Come fare? Basta ritagliarsi uno spazio vuoto, spegnere il computer, se possibile staccare il telefono e spegnere il cellulare e trovare una posizione agevole, posizionando il tavolo alla luce e gustando con calma quello che ci siamo portati. Mangiare continuando a lavorare, invece, alimenta la non-consapevolezza. Il rischio? Mandare giù senza accorgersene calorie inutili che, oltre a intossicarci fisicamente, ci rendono più vulnerabili a nervosismo e scatti d'ira.

Meglio soli che male accompagnati. Se si lavora in un open-space, magari rumoroso, a stretto contatto coi colleghi, sarebbe opportuno utilizzare almeno la pausa del pranzo come momento di solitudine e di silenzio. Il silenzio infatti, come momento di incontro con la propria interiorità, è nutritivo già di per sé ed è un naturale antidoto ai chili in eccesso. Se poi siamo obbligati a pranzare in compagnia, vediamo almeno di scegliere il collega che più ci piace e con cui ci sentiamo in totale libertà, compresa quella di tacere.

Ritualizzare la fine del pranzo. Così come abbiamo ritualizzato l'inizio del pranzo, scandiamo in modo definito anche la sua fine. Per esempio accendendo un'essenza nell'apposito bruciaprofumi (in questo capitolo ci sono diverse combinazioni aromaterapiche da utilizzare sul posto di lavoro), o ascoltando un po' di musica, o andando a fare una passeggiata. Importante non lasciare rimasugli di cibo sul tavolo: è un'abitudine che ingenera l'idea del "pranzo infinito", che ci legittima a ricorrere al cibo nei momenti di stress e di noia.

Niente dispensa al lavoro. Dal cioccolatino extrafondente per i cali di tono al cracker aromatizzato per tamponare la fame prima di pranzo, alla marmellata fatta in casa per addolcire i momenti no della giornata. Per molti di noi i cassetti della scrivania sono attrezzati come una vera e propria dispensa. Evitiamo di farlo! La facilità di accesso al cibo alimenta il processo compensatorio che ci fa mangiare per noia, per ansia, persino per allegria. Se proprio, d'accordo coi colleghi, decidiamo di tenere alcuni sfizi in ufficio, riponiamoli in un armadietto ben in vista. La consapevolezza e l'imbarazzo di attingervi sotto lo sguardo di tutti ci impediranno di ingollare tante calorie di troppo.

Cosa mangiare in pausa: i cibi sì e i cibi no

Possiamo poi attenerci, per salvare benessere e linea, a semplici regole alimentari da seguire quando lavoriamo fuori casa.

Variare il menu. Se portiamo il cibo da casa, organizziamo la spesa per il pranzo in modo da mangiare cose il più possibile diverse. Banditi quindi gli avanzi della sera o i piatti di ripiego. Se invece acquistiamo il cibo fuori, variamo il ventaglio delle possibilità più sane (verdura, una macedonia, un primo piatto leggero), concedendoci soltanto una volta la settimana uno sfizio (fetta di pizza, riso alla cantonese, panino col prosciutto).

Tramezzini, addio! Farsi portare sul posto di lavoro pizze e tramezzini da consumare in compagnia dei colleghi è pericoloso, se non ci si sa trattenere. Il connubio di salse, pane bianco morbido con insaccati, all'insegna dell'uno tira l'altro, alza alle stelle il bilancio calorico.

Occhio alle bevande! Anche le bevande sono importanti: evitiamo gli alcolici e alterniamo all'acqua tisane e tè, da bere, oltre che durante il pranzo, nell'arco dell'intera giornata.

Non saltare il pasto. Altrettanto sbagliata l'abitudine di saltare il pasto a pranzo: niente di più facile che la sera a casa si mangi il doppio!

Le essenze che purificano l'ambiente

Gli oli essenziali possono migliorare le condizioni di lavoro in ufficio, sia purificando l'aria da virus, batteri, cattiva ionizzazione, sia favorendo uno stato di concentrazione rilassata. Dividendo l'ambiente con altre persone, non possiamo non tener conto del loro gusto olfattivo: meglio scegliere allora aromi piuttosto neutri, possibilmente graditi a tutti.

Il modo migliore per utilizzare le essenze è il bruciaprofumi. Per potenziare l'effetto terapeutico dei profumi, possiamo anche inalarli (2 gocce di olio essenziale sul fazzoletto), oppure strofinare una, due gocce sul palmo delle mani.

Per purificare l'aria: mix di lavanda, tea tree, rosmarino, limone (3 gocce per aroma).

Per migliorare la concentrazione: mix di basilico, bergamotto, cardamomo, petitgrain (3 gocce per aroma).

Per rinforzare la memoria: mix di rosmarino, bergamotto, basilico, lavanda (2 gocce per aroma).

Per aiutare la conversazione: mix di basilico, verbena, lavanda, menta (3 gocce per aroma).

Per i periodi di superlavoro: mix di basilico, bergamotto, lavanda, sandalo, menta, cardamomo (1 goccia per aroma).

Per appianare i conflitti con i colleghi: mix di geranio, arancio amaro, benzoino, incenso (2 gocce per aroma).

Contro lo stress ambientale (rumore eccessivo, luce forte, ambienti affollati ecc.): mix di camomilla, cipresso, geranio, cedro atlantico (3 gocce per aroma).

Sono invece sconsigliati: rosa, ylang-ylang, gelsomino e vetiver. Il loro aroma, fortemente connotato, può dare fastidio.

Fiori di Bach per vincere i disagi

La particolarità dei fiori di Bach consiste nella possibilità di utilizzarli per riarmonizzare in modo semplice ed efficace gli stati d'animo negativi che ci inquinano la vita. Per trovare il proprio fiore è necessario osservarsi e notare giorno dopo giorno quali sono gli stati di tensione che si presentano con maggior frequenza. A ogni disagio psichico, Bach associa un fiore, la cui energia è mirata alla risoluzione di quello specifico problema.

Siamo intolleranti? Facciamo presto a trovare gli errori e i difetti degli altri? Sul lavoro ci accusano di criticare sempre? Osserviamo spesso scuotendo la testa le azioni dei nostri colleghi? Anche se ci si riconosce un acuto spirito di osservazione, soffriamo di una grossa dose di intolleranza, che ci può inimicare gli altri, che con noi si sentono sempre guardati dall'alto in basso. Il fiore per noi è Beech (Faggio).

Abbiamo difficoltà ad affermare noi stessi? Chiediamo spesso consiglio ai colleghi? Siamo sempre incerti quando dobbiamo prendere una decisione? Ci lasciamo influenzare facilmente da ciò che dicono gli altri? La difficoltà a fidarci di noi stessi ci condanna al ruolo di gregari, facendoci temere le maggiori assunzioni di responsabilità e inibendo la nostra carriera. Il fiore per noi è Cerato.

Non sappiamo dire di no? Siamo delle persone sempre disponibili, pronte a fare favori a tutti? Facciamo fatica a dire di no, anche quando sappiamo che ci costerà tempo e fatica? Anche quando ci sentiamo stanchi ed esauriti non riusciamo a respingere le richieste degli altri? Il rischio in cui possiamo incorrere è di essere sistematicamente sfruttati dal collega pelandrone o calcolatore, che vede in noi il bersaglio ideale per le sue scorciatoie. Il nostro fiore è Centaury (Cacciafebbre).

Siamo troppo ambiziosi? Cerchiamo sempre di svolgere il nostro lavoro in modo esemplare? Siamo tra quelle persone affidabili e dedite al dovere che fanno la gioia di qualsiasi datore di lavoro? Ci fissiamo sempre obiettivi elevati, che otteniamo con gran fatica e notevole impegno? Il nostro senso del dovere può non renderci popolari tra i colleghi, che vedono in noi il rivale, alleato del principale, che fa risaltare ancora di più, per la sua irreprensibilità, le loro magagne. Il nostro fiore è Rock Water (Acqua di roccia).

Siamo troppo poco ambiziosi? Tendiamo a pensare che, anche se il lavoro non ci soddisfa, non possiamo fare nulla per modificare la situazione? Anche quando il capo ci annuncia un aumento di stipendio, non riusciamo a gioirne perché tanto non cambia niente? Se subiamo un'ingiustizia ci rassegniamo? La mancanza di grinta può farci giudicare spenti e apatici, atteggiamento che, se valutato da un superiore, può condannarci a vita a un lavoro mediocre. Il nostro fiore è Wild Rose (Rosa Canina).

Siamo ipercritici nei confronti di noi stessi? Siamo spesso insoddisfatti dei risultati che otteniamo, perché pensiamo sempre di non aver fatto abbastanza? Se abbiamo un conflitto con un collega, cerchiamo in noi la responsabilità? Se evitiamo il collaboratore lamentoso, poi ci sentiamo in colpa? Dubitare sempre di ciò che facciamo ci mette in uno stato di ansia permanente, che ci fa vivere ogni compito come un ennesimo banco di prova. Risultato? Stress costante. Il nostro fiore è Pine (Pino Silvestre).

Ci sentiamo nati per fare il capo? Nelle discussioni pensiamo solitamente di essere dalla parte della ragione? Siamo portati a dare istruzioni agli altri anche quando non ce lo chiedono? Abbiamo sempre un atteggiamento sicuro e deciso? Dotati come siamo del senso del potere e dell'autorità, siamo a nostro agio se riusciamo ad arrivare ai vertici, ma ci sentiamo frustrati in una posizione subalterna. In ogni caso il dispotismo è un male comunque. Il nostro fiore è Vine (Vite).

Siamo schiavi del consenso altrui? In riunione stiamo zitti per paura di sbagliare? Siamo permalosi e di fronte a una critica sul nostro operato ci sentiamo attaccati personalmente? Siamo particolarmente ansiosi di ricevere lodi e approvazioni dagli altri, specie dal capo? La nostra disistima è talmente forte che, nel timore di un insuccesso, rifiutiamo qualsiasi nuovo incarico. Con l'aggravante di tendere a incolpare sempre gli altri (il collega sgomitatore, quello più scaltro, il capo insensibile) dei risultati mancati. Il nostro fiore è Larch (Larice).

COME UTILIZZARLI

I fiori di Bach non presentano effetti collaterali: non hanno incompatibilità con altre preparazioni vegetali, omeopatiche o farmaci. Fanno eccezione i rimedi omeopatici più potenti: in questi casi è meglio consultare il terapeuta. La durata della cura dipende dall'andamento del sintomo: si può smettere di prendere le essenze quando si ha la sensazione di essere tornati a posto. La miscela va presa per 3-4 settimane: ciò corrisponde approssimativamente al contenuto di un flaconcino da 30 ml. Dopo questo periodo si può riprendere la cura, ma solo se ce n'è ancora bisogno. Oppure si può preparare una nuova miscela adatta alle condizioni attuali. Il dosaggio normale della miscela è di 4 gocce 4 volte al giorno, da versare direttamente sulla lingua con il contagocce o da prendere su un cucchiaio di plastica. Per i casi acuti si può arrivare a 4 gocce ogni ora, eventualmente anche per 2-3 giorni. Le gocce vanno prese al mattino, a mezzogiorno, al pomeriggio e alla sera. Perché il rimedio faccia effetto, va trattenuto per qualche secondo in bocca. Sconsigliata l'assunzione immediatamente prima o dopo i pasti.

Ricordati che...

- Attenzione all'ambiente: scegliere una posizione corretta e aromatizzare il posto di lavoro con essenze naturali aiuta a purificare l'energia, favorendo il rilassamento e la concentrazione.
- Se c'è un disagio ricorrente, si possono utilizzare i fiori di Bach: basta trovare il rimedio floreale adatto.
- Perché il posto di lavoro non diventi il luogo del disordine alimentare niente panini, niente piatti ipercalorici consumati in fretta, niente abbuffate serali dopo aver saltato il pranzo. E che i cassetti della scrivania non diventino dispense di sfizi antistress! Riscopriamo nella pausa pranzo il piacere dei cibi naturali, preparati a casa, da mangiare in silenzio!

Raffaele Morelli
in Oscar Bestsellers

CIASCUNO È PERFETTO

Stare bene con se stessi, insegna Morelli, è un'arte semplicissima. «Non c'è alcun fine da perseguire, nessuna meta da raggiungere e non occorre fare nessun tentativo per migliorarsi.» I nostri difetti, le nostre parti oscure, i nostri dolori, non vanno scacciati ma guardati in faccia e accolti dentro di noi. Se ne andranno da soli, come evaporando. Saggezza orientale e conoscenza medico-psichiatrica si fondono in questo libro intenso e affascinante.

Raffaele Morelli
in Oscar Bestsellers

COME ESSERE FELICI

Il noto psicologo e psicoterapeuta ci spiega come sconfiggere lo stress e che saper amare gli altri è la ricetta della felicità. Una lettura che ci insegna ad acquistare fiducia in noi stessi e sicurezza nella vita amorosa, imparando come trarre sempre il meglio dalle mille situazioni che ci si presentano e come stare davvero bene con noi stessi e gli altri. In una parola, come essere felici.

Raffaele Morelli
in Oscar Bestsellers

COME AMARE ED ESSERE AMATI

Nella coppia bisogna dirsi sempre tutto? Come fare a risvegliare l'eros? Si può essere felici anche da single? In questo volume, arricchito da tabelle e test di autoverifica, il noto psicologo e psicoterapeuta Raffaele Morelli risponde a questi e a tanti altri dubbi con il suo consueto stile affabile e chiaro, con i suoi pratici consigli, la sua competenza professionale e la sua profonda comprensione dell'animo umano.

«Come trovare l'armonia in se stessi»
di Raffaele Morelli
Oscar bestsellers
Arnoldo Mondadori Editore

Questo volume è stato stampato
presso Mondadori Printing S.p.A.
Stabilimento NSM - Cles (TN)
Stampato in Italia. Printed in Italy